W0052444

GOLDMANN
Lesen erleben

WILLIAM COHN

DER GUTE TON VON COHN

Elegant durch alle Lebenslagen

GOLDMANN

Verlagsgruppe Random House FSC® N001967

 Dieses Buch ist auch als E-Book erhältlich.

1. Auflage
Originalausgabe Januar 2018
Copyright ©2018: Wilhelm Goldmann, München,
in der Verlagsgruppe Random House GmbH,
Neumarkter Str. 28, 81673 München
Fotos: Frank Bauer
Umschlag: Uno Werbeagentur, München
Umschlagfoto: Frank Bauer
Satz: Satzwerk Huber, Germering
Druck und Bindung: Litotipografia Alcione srt., Trento
Printed in Italy
MZ · Herstellung: cb
ISBN 978-3-442-17677-9
www.goldmann-verlag.de

Besuchen Sie den Goldmann Verlag im Netz:

Inhalt

Vorwort

Erst kürzlich, an meinem fünfzehnten Geburtstag, legte mir meine besorgte Mutter eine fast fünf Zentimeter dicke und gefühlte einhundert Kilogramm schwere Schwarte auf den Gabentisch: »Der gute Ton von heute«, erschienen im Jahre 1912. Und heute – ich habe das nachgesehen – nur noch antiquarisch zu bekommen. Dass dieses Buch fast 20 Jahre älter war als sie selbst, musste meiner Mutter irgendwie entgangen sein. Aber solche Details kümmerten sie selten.

Ich habe das Buch gelesen bis zum Schluss. Das Bürgerliche Gesetzbuch ist in Sachen Komplexität und Unverständlichkeit – Verzeihung – ein Dreck dagegen. Und dennoch: Im unerschütterlichen Vertrauen auf die Weisheit meiner Mutter und mit der Gewissheit, irgendwann einmal bei Hofe eingeladen zu werden, übte ich fleißig das spanische Hofzeremoniell und das richtige Rückwärtsgehen in Anwesenheit gekrönter Häupter. In der Zwischenzeit waren die ersten Menschen auf dem Mond gelandet, und ich musste feststellen, dass die gekrönten Häupter der Welt zum größten Teil abhandengekommen waren.

Wenig später erläuterte ich dann meiner norddeutschen Verlobten, einer glühenden 68erin und ehemaligen Sympathisantin der RAF, anhand dieses Buches ihre zukünftige Rolle im Haushalt. Meine Verlobte fand dies, ihre Worte mit Geschirr unterstreichend, gar nicht witzig. Und mit dem Geschirr in den Händen meiner Verlobten ging auch meine fein säuberlich andressierte Welt in Stücke.

Es war aber auch eine verteufelt unangenehme Situation: Vor mir auf dem Boden zerbarst das Porzellan meiner Vorfahren, und ich stand da und suchte mit fliegenden Fingern panisch in diesem Wunderbuch, mit dessen Hilfe ich doch so sicher und glatt durchs Leben kommen sollte, und fand zum richtigen Umgang mit einer tobenden Verlobten – nichts!

Fortan wollte ich mich nicht mehr darauf verlassen, was die Menschen 1912 für einen guten Umgang gehalten hatten, und begann selbst zu schreiben. Denn wenn »DER Willy Elmayer«, der Kriegsversehrte mit dem steifen Bein, die erfolgreichste Tanzschule Österreichs gründen kann, warum soll ich dann kein Buch über Benehmen schreiben können?

Die scheinbar regellose Freiheit, mit der die Menschen heutzutage miteinander umgehen, hat etwas Zügelloses bekommen. »Anything goes« scheint nicht nur in der Kunst, sondern in allen menschlichen Lebensbereichen angekommen zu sein. Die Frage ist aber: Geht es wirklich ganz ohne Regeln? Kann es überhaupt tragfähige Regeln geben? Treibt uns nicht vielmehr die heute nicht mehr übersehbare Gesetzesflut noch weiter in eine zwischenmenschliche und gesellschaftliche Anarchie? Gibt es eine allgemeingültige Definition von gutem und schlechtem Benehmen? Wie müsste »Der gute Ton des 21. Jahrhunderts« aussehen? Und müsste ein solches Buch in Zeiten wie diesen nicht auch Fragen beantworten wie: »Wie verhalte ich mich richtig, wenn ich gesteinigt oder geköpft werde?« Sind vielleicht Kriege und Terroranschläge in Wahrheit nichts anderes als schlechtes Benehmen? Fragen, die ich nicht der neuen Diktatur der politischen Korrektheit überlassen möchte, und auf jeden Fall Fragen, die jeden Tag dringlicher werden und denen ich mit Ihnen, geneigter Leser, hier auf den Grund gehen möchte.

PS Und dann kam doch noch der große Tag: Ihre Königliche Hoheit, Prinzessin Ubolratana Rajakanya von Thailand drehte mit mir einen Film in Zürich. Was war ich froh, dass ich dank des Buches meiner Mutter gelernt hatte, mich in ihrer Gegenwart nur auf Knien rutschend zu bewegen.

PPS Dieses Buch soll Sie behutsam an die Hand nehmen und Sie sicher und souverän für den täglichen stilvollen Umgang mit Menschen in allen Lebenslagen machen, daher ist dies auch ein Arbeitsbuch! Nehmen Sie bitte einen Bleistift, wohlgemerkt einen spitzen Bleistift, zur Hand und kreuzen Sie in den »Vertiefungen« am Ende jedes Kapitels die richtige Antwort an. Sie wissen schon, Multiple Choice. Alternativ schreiben Sie in der vorgesehenen Zeile die Ihrer Meinung nach richtige Antwort hin.

Die Prüfung in gutem Benehmen können Sie schließlich auf der Internetseite www.cohns-welt.com ablegen.

VON GUTER KLEIDUNG

Was ist Stil, und wie lebt es sich damit?

Stil ist nicht gleichzusetzen mit Styling und Mode. Menschen, die in immer rascherer Frequenz jedem neuen Modetrend folgen, sind vielleicht im »Trend«, aber sie haben ganz sicher keinen »Stil«. Das wussten vor allem Coco Chanel und Jacqueline Kennedy.

Stil ist zeitlos. Stil hat der, der Dinge für sich als richtig und geschmackvoll erkennt und über den Anlass hinaus eine Spur mutiger Gelassenheit zeigt. Soziale Angsthasen erkennt man sofort an ihrem nett arrangierten, farblich sorgfältig abgestimmten Look oder an ihrem angepassten Dresscode. Dieser erscheint, anders als in den 60er-Jahren, als er als etwas für Heiratsschwindler, Hochstapler und Portiers in Hotels von gestern galt, in bestimmten Kreisen wieder en vogue. Nur mit einem »Gewusst-wie« sind die zahlreichen Fettnäpfchen, die ein Dresscode für den bereithält, der ihn nicht einzusetzen weiß, zu vermeiden. Denn ein stur befolgter Dresscode ist noch lange keine Garantie für stilvolles Auftreten. Nur Ihre persönliche Note, Ihr stilistisches Sichselbst-treu-Bleiben und das Setzen raffinierter eigener Akzente, erfüllt den Dresscode mit Leben. Trauen Sie Ihrem eigenen Geschmack und Gespür mehr, als manchem kurzlebigen Modediktat. Schließlich sind Sie ja nicht in einem Schrank aufgewachsen, sondern haben die Dos und Don'ts jahrzehntelang am lebenden Objekt studiert. Gut und korrekt angezogen zu sein heißt in erster Linie, nicht unangenehm aufzufallen. Wenn ich also weiß, wo ich bin und aus welchem Grund ich da bin, dann habe ich meist kein Problem. Dennoch kann es passieren, dass wir zwar am richtigen Ort, aber falsch gekleidet sind. Ein bisschen Vorstellungsvermögen reicht, um folgende Situation nachzufühlen: Sie sind zum Sportfest eingeladen und kommen in Turnkleidung, bereit, am Reck alles zu geben. Traumatisiert stellen Sie fest, dass Sie nur als Zuschauer fungieren sollen, und stehen nun saublöd da. Schlimmer hätte es nur kommen können, wären Sie davon ausgegangen, dass Synchronschwimmen auf dem Programm steht. Oder Beachvolleyball.

Passt man irgendwo so gar nicht hin, fühlt man sich im wahrsten Sinne des Wortes deplatziert und folglich ungemütlich, richtig elend. Entweder Sie wechseln jetzt die Fronten, mischen sich (»Wo finde ich die Schürzen?«) unters Catering und betrachten so die ganze Veranstaltung inkognito, quasi aus der Butlerperspektive, und werden dadurch für einen Teil der Gäste unsichtbar. Oder, wenn Ihnen diese Lösung nicht als der geeignete Weg erscheint, Ihre Dresscode-Panne zu beheben, Sie legen den Rückwärtsgang ein. In Ihrem Aufzug werden Sie ohnehin keine Freude haben. Fahren Sie also rasch noch mal nach Hause, ins Hotel, zu Ihrem besten Freund oder zum nächsten Herrenausstatter und sorgen Sie für Ersatz. Fällt unter Notwehr. Und wenn Ersatz nicht aufzutreiben ist? Na, dann trollen Sie sich in die nächste Spelunke, Boazn, Kneipe oder ins Vereinslokal vom Kleintierzüchterverein. Auch dort findet sich angenehme Gesellschaft.

Das »anything goes« in puncto Bekleidung führt dazu, dass modische Fehltritte auf der ganzen Welt so häufig werden wie architektonische Entgleisungen in Österreich, wo Bausünden grassieren wie Rechtsradikale in Dresden. Solange Bekleidungskonventionen für alle Mitmenschen die wunderbare Möglichkeit

Bemühen Sie sich stets, den Dresscode Ihrer Gastgeber einzuhalten. Doch bleiben Sie dabei Ihrem Stil treu. Ausstrahlung besitzen Sie nur, wenn Sie sich wohlfühlen.

schufen, sich ohne Kopfzerbrechen an festen Ritualen entlangzu-hangeln, war zumindest diese Gefahr gebannt. Die Auflösung un-serer Bekleidungs- und Ausstattungskonventionen bedaure ich zutiefst. Einerseits habe ich das Gefühl, viele Menschen bede-cken sich lediglich mit Textilien, um sich vor Wind und Kälte zu schützen, andererseits habe ich den Eindruck, noch mehr Men-schen tun das mit vorsätzlicher Geschmacklosigkeit.

Wünschen Sie sich beim Anblick von manchen Schülergrup-pen nicht auch manchmal die Wiedereinführung der Schuluni-form? Als Bremse allzu heftiger textiler Entgleisungen? So wie manche europäische Frau an ihrem Bad Hair Day ihre islami-schen Schwestern um deren Verschleierung beneidet? Gelegent-lich fällt es mir schwer, die Beleidigung des Auges nicht persön-lich zu nehmen, Funktionskleidung für erwachsene ADHSler etwa. Das hat meiner Meinung nach nichts mit Funktion zu tun, sondern mit Kunststoffpartikeln, die unsere Gewässer belasten.

Von vielen liebgewonnenen Teilen und Klamotten sollte man sich geräuschlos trennen. Ohne mein Zutun haben die Motten meinen Norwegerpullover erledigt. Meine Partnerin war für die-se tierische Unterstützung dankbar. Bei alten Pullovern mit Zöp-fen ist sie für die Todesstrafe.

O ja, ich bin echt retro. Ich wünsche mir den Prince-of-Wa-les-Anzug zurück, den Cut für den eleganten Abend, denn ich

gehöre zu den Leuten, die fürs Einstecktüchlein ein eigenes Fach im Kleiderschrank haben. Bei mir sind diese edlen Accessoires aus Seide nach Farben und Mustern (Paisley, Pepita und Co) sortiert. Nein, ich bin kein Ordnungsfanatiker, und ich habe auch alle Meissener-Tassen im Schrank, nur in diesem einen Punkt, ja, ich gebe es zu, bin ich nicht ganz Hugo. Sie haben also gemerkt, es gibt in meinem Kleiderschrank noch ein Leben jenseits des Pullovers. Fein säuberlich in Überzüge eingehüllt reihen sich da Zweireiher an Zweireiher, Sakkos, Westen, Smokings, Smoking-hemden, Alltagshemden, Poloshirts oder Holzfällerhemden für Heavy-Duty-Einsätze usw. Und neben meinen wohlfeil sortierten Einstecktüchlein gibt es ein Fach für Foulards. Meine Freundin nennt diese Seidenhalstücher »liebevoll« Heiratsschwindler-tüchlein. Des Weiteren ein Fach für Manschettenknöpfe, eines für Krawattennadeln, eines für Geldklammern und vieles mehr an luxuriösen Accessoires, die der Distinktion dienen. Und auf dem Schrankboden stehen gepflegte Herrenschuhe in Reih und Glied.

Vielen mag das als zu unpraktisch, zu aufwendig, nicht mehr zeitgemäß erscheinen, bietet Prêt-à-porter doch einfache Kleidung für den beschleunigten Lebensstil. Am besten per Bestellung. Da ich aber so retro bin wie »Gutes von gestern« in der Bäckerei, erlaube ich mir diesen kostspieligen Ausstattungsspleen.

Denn ist jemand schlecht gekleidet, wird die Kleidung bemerkt. Ist jemand stilvoll gekleidet, entdeckt man den Menschen. So ist Kleidung Ausdruck meiner Selbstwertschätzung im Zeitalter der häufig beschworenen Achtsamkeit. Diese Sorgfalt vermisse ich bei vielen meiner Mitmenschen sehr.

Stil hat aber nichts mit Geld oder Luxus zu tun. Und immer wieder sollte man sich fragen, ob das Streben nach Stil einen vielleicht zum instinkt- und geschmacklosen Verbraucher – ja, ich gebrauche dieses hässliche Wort jetzt mal – gemacht hat. Da hilft auch wirklich nicht, dass es für den »Verbraucher« sogar ein eigenes Ministerium gibt! Denn allzu oft kaufen wir uns schlicht und einfach um den guten Geschmack. Seit Jahren wirft man uns aus den Innenstädten, die dann nur noch aus zugenagelten und verwaisten Lädchen bestehen, damit wir uns als Verbraucher in den Takko-Deichmann-Expert-Märkten auf großen Freiflächen außerhalb der Stadt um unsere ästhetische Autonomie bringen. Haben Sie mal an einem Samstagnachmittag in so einem Konsumtempel eine Stampede von »Verbrauchern« erlebt? Leere, leicht dümmliche Gesichter, die einem auf breiter Front geschlossen entgegenstampfen. In jeder Form zum Fürchten! Eine aufgescheuchte Wasserbüffelherde ist dagegen ein friedlicher Lyzeumsball!

Geschmacksbildende Maßnahmen sehen anders aus. Und wem's dort doch zu lausig ist, der wandert ins manchmal ebenso gräuliche Internet ab, wo er alles mundgerecht bekommt, wovon andere glauben, dass er es brauche. Vom perfekt abgestimmten Kleiderset über den Muskelrüttler bis zur personalisierten Gewürzmischung.

Man degradiert uns zu Menschen, die ausstaffiert werden, weil sie angeblich selbst nicht mehr in der Lage seien, sich so zu kleiden, wie es ihnen gut steht. Diese neue Lust, die Ausstattung anderen zu überlassen, finde ich seltsam anstrengend, denn Stil ist ein Ausdruck von Persönlichkeit. Nicht nur Kleidung, auch der tintenpatronenfreie Kolbenfüller, der Drehbleistift, der Lieblingssessel, das Stofftaschentuch, die Porzellantasse, das Zigaretten- oder Zigarrenetui oder die Mitbringsel aus dem letzten Urlaub: All diese Dinge gehören zu unserem ganz persönlichen Leben. Zeichnen uns, prägen uns, geben uns ein eigenes Gefühl von Wertigkeit. Eben eine ganz eigene Haltung! Diese Individualität sollten wir uns bewahren, denn: Wer Stil hat, hat Mut!

Der Cohnrat

Seien Sie »swag« bei den Dingen, die Ihnen gefallen und guttun! Was immer Sie tragen, tragen Sie es souverän und selbstbewusst.
Alles andere ist was für anpassungsbedürftige Chabos!

Die gute Hose

Warum bloß quetschen sich Menschen seit Jahrhunderten in zu enge Hosen? In einer zu engen Hose sieht einfach jeder Arsch scheiße aus. Schon im Mittelalter trugen Adelige, Fürsten, Könige und Kaiser ein strumpfähnliches Gewand, das in Aussehen und Wirkung einer heutigen Leggings in nichts nachstand. In den Achtzigern und Neunzigern quälte man uns mit Radlerhosen. Und um die Jahrtausendwende machte das Modehaus Dior die Skinny Jeans populär.

Getragen werden diese noch heute überall (in Stadien, im Krankenhaus, im Zoo und in der Disco) und von fast jedem (Teenager, Hipster, Professoren, Fernsehmoderatoren, Feministinnen, Sportjournalisten und Trainern). Pep Guardiola etwa, das katalanische Rumpelstilzchen, ist konsequenter Skinny-Hosen-Träger.

Die meisten sehen darin eher seltsam aus. Damen der A-, B- und C-Prominenz möchten mit aller Gewalt ihre geschlechtlichen Vorzüge zur Geltung bringen und gleichzeitig eine knabenhafte Eleganz versprühen, was selten und dann meist nur mit Photoshop gelingt. Und ältliche Männer erhoffen sich von der Röhre ein jugendliches Aussehen, von dem sie trotz kräftiger Waden Lichtjahre entfernt sind. Dieser Look geht meiner Meinung nach voll in die Hosen.

Zudem ist die Hose unbequem aus- und anzuziehen. Von den langfristigen Folgen, die diese Mode an den Kronjuwelen anrichten kann, ganz zu schweigen. Verhütung ist da schon in jungen Jahren unnötig.

Es ist schwer zu verstehen, warum gerade dieser Trend in einer Zeit der schnell wechselnden Kollektionen schon so lange anhält.

Aber: Eine neue »Weite« näht ... sorry, naht! Die Marlenehose, das weite, komfortable Beinkleid, ist Giorgio Armani sei Dank zurück. Noch kein Grund zum Jubeln, aber Grund zur Freude allemal. Schon die ersten Bilder in den Fashionblogs erinnern an die »Werte« der Achtziger und Neunziger: Freiheit, Abenteuer und entspannte Lässigkeit.

Ein im wahrsten Sinne eingefleischter Skinny-Hosen-Träger wird vielleicht nicht sofort zu begeistern sein, aber spätestens nach dem nächsten tiefen Luftholen wird er der weiten Hose doch etwas abgewinnen können.

So albern wie die Röhre- wirkt bei Erwachsenen sonst nur die Jogginghose, die bei allen unpassenden (passende gibt es nicht) Gelegenheiten zur Schau gestellt wird.

Jogginghosen sind ein Zeichen der grauenvollen Niederlage, ein Zeichen der Kapitulation. Geht man damit auf die Straße, hat man, wie Karl Lagerfeld treffend bemerkt, die Kontrolle über sein Leben verloren.

Völlig nebensächlich, für welche Hose Sie sich entscheiden, sie sollte in puncto Schnitt und Material mit der übrigen Kleidung harmonieren und auf keinen Fall zu kurz oder zu lang geraten. Sie könnten sonst in den Verdacht geraten, Sie trügen Erbstücke oder, noch schlimmer, Leihgaben auf.

Der Cohnrat

Nicht jeder Hintern ist ein Knackarsch und nicht jedes Bein eine Offenbarung! Trösten Sie sich, es gibt sie, die Hose, die Ihnen schmeichelt und Sie besser aussehen lässt als Marilyn Monroe und Claudia Schiffer zusammen. Allerdings hört sie definitiv nicht auf den Namen Leggings.

Der gute Schuh

Können Sie sich vorstellen, dass ich einmal leidenschaftlich gerne und bemerkenswert erfolgreich Ski gefahren bin? Der österreichische Alpenverein betrachtete mich als eine seiner Nachwuchshoffnungen und förderte mich. Bis zu meinem 16. Lebensjahr, dann war Finale. Nicht wegen des Alpenvereins, ich hatte nur inzwischen Schuhgröße 47 erreicht und sprengte damit alle Skischuhe. Ich will an der Stelle mal nicht davon ausgehen, dass die ÖAVler über das rasante Wachstum meiner Laufwarzen froh waren. Heute – inzwischen produzieren alle guten Skischuhhersteller bis Größe 50 und drüber – wäre das eine vermeidbare Situation.

Damals aber beschränkte sich das Problem nicht nur auf die Skischuhe, es betraf alle meine Treter. Jeder Schuhkauf begann mit einer langwierigen telefonischen Recherchaktion meiner Mutter, die dann meist irgendwo außerhalb des österreichischen Hoheitsgebietes ein paar Schuhe in »Übergröße« fand. Eine recht beachtliche Telefonrechnung inklusive.

Ich hätte mir eine empathische Fee gewünscht, die mir die richtigen Latschen an die Füße zaubert. Cinderella hatte es da, als sie aus dem Linsenfrickeln herauskam, richtig gut getroffen, ganz zu schweigen von Dorothy, die mit ihren lackroten Schühchen durch jeden Quark von Oz waten konnte.

So waren Schuhe, die ich stets mit großem logistischem Aufwand erworben hatte, für mich immer etwas äußerst Wertvolles, das geschont werden musste, um lange zu halten.

Ich habe festgestellt, dass andere sich für ihre Saustallpfosten sehr oft gedankenlos irgendwelche Treter zulegen und daher meist nur auf die »Optik« achten. Wie in der Architektur und bei allem Design gilt auch hier: »Form follows function!«

Hat man das falsche Schuhwerk, holt man sich beim Walking, Singing und Dancing in the Rain zerschundene Füße. Stellen Sie sich vor, Sie haben sich eine Nacht durch den Regen getanzt. Wenn Sie da fälschlicherweise dachten: »Was Fred Astaire kann, geht bei mir schon lange«, kommt die Höllenpein zwar mit zeitlicher Verzögerung, bringt Sie dafür aber garantiert fast um. Hat sich Ihre Ginger ebenfalls im Schuh vergriffen, geht es ihr keinen

Deut besser. Modische Entscheidungen? Passen müssen die Schuhe!

Früh habe ich gelernt, den Wert guten Schuhwerks zu schätzen und mich nicht um Modediktate zu kümmern. Schiefe Blicke inklusive. Mein schönes Paar Tanzschuhe – ich habe fast ein Jahr darauf gespart – hat mich durch viele Ballsaisonen getragen.

Ich liebe gute Schuhe! Schuhe, die sich wie ein weicher Handschuh fast schmeichelnd um die Füße legen und in denen man blasenfrei von Zehlendorf nach Mitte oder von Hietzing bis zum Steffl marschiert. Leider sparen Schuhfabrikanten heute, wo sie können. So ist es zu einer bedauerlichen Usance geworden, das Oberleder ohne Futter in einen Sohlenmonoblock aus Kunststoff einzugießen, eine billige Einlegesohle hineinzuknallen und das Ganze zum gleichen Preis wie einen handwerklich hergestellten, rahmengenähten Schuh zu verkaufen. Sogar das gehäckselte Zeitungspapier, mit dem bis vor Kurzem das dämpfende Korkgranulat über der Brandsohle ersetzt wurde, wird heute weggelassen.

Aus eigener Misere kann ich sagen, bequeme Schuhe von der Stange zu finden kann man in Sondergrößen wie meiner in Europa nahezu vergessen, und ich gehe mal davon aus, dass ich beim galoppierenden Fußwachstum der Bevölkerung da draußen nicht allein auf großem Fuß lebe. Inzwischen gebe ich Stangenschuhe nicht einmal mehr in die Altkleidersammlung, weil mir der arme Tropf leidtut, der in meinen krumm gelatschten Mokassins herumlaufen soll.

Gute Schuhe werden immer noch in der Tradition des Schuhmacherhandwerks gefertigt. Aus einem solchen Stall kommen meine Budapester, die ich mir vor Jahren zugelegt habe. Der Glückskauf meines Lebens, mein Schuh fürs Leben. Diese ersten Handgenähten, die ich mir kaufte, waren die preiswertesten Schuhe ever, wenn ich den Kaufpreis auf die Jahre umlege, in denen ich sie inzwischen getragen habe.

Zum Glück gibt es inzwischen auch erstaunlich günstige rahmengenähte Manufakturschuhe in ausgezeichneter Qualität, die dem Industrieschuh ernsthaft die preisliche Stirn bieten. Man muss nur wissen, wonach man sucht.

Der handwerkliche Aufbau eines guten Schuhs hat sich in den letzten hundert Jahren nicht wesentlich verändert. Daran konnten auch die industriellen Fertigungsprozesse nicht drehen. Da können die kleben, leimen und spritzen, wie sie wollen. Gut, die Füße, die in den Schuhen stecken, haben sich, seit der Mensch aufrecht geht, auch nicht mehr signifikant verändert. Seit jeher sind die Menschen also bemüht, sich das Gehen über unebene und harte Böden mithilfe von Schuhwerk angenehmer zu gestalten. Für einen kleinen Film durfte ich einmal exquisit gefertigte Legionärsschuhe tragen. Faszinierendes Erlebnis. Sie passten sich elastisch und weich dem Fuß an. Trotz ihrer genagelten Laufsohle bewegte ich mich wie eine Katze: schnell, geschmeidig und leise (Können Sie sich das vorstellen?). Ums Haar hätte ich vergessen, diese Schuhe nach Drehschluss zurück in die Requisite zu bringen, so selbstverständlich waren sie mir an den Fuß gewachsen.

Hochwertiges Leder war damals wie heute die wichtigste Voraussetzung für gute Chilloletten. Nein, ich will Sie nicht belöffeln, aber das muss sein: Grubengegerbte Leder gelten immer noch als das beste Ausgangsmaterial für gute Schuhe – zum Glück sind die Methoden der Ledergewinnung heute deutlich weniger archaisch und unappetitlich als ehedem. Aus naheliegenden Gründen durften im Mittelalter Färber- und Gerbereien niemals in der Hauptwindrichtung einer Siedlung errichtet werden. Es war, wie man so sagt, ein anrüchiges Gewerbe, und das Mittelalter war nun weiß Gott nicht geruchsempfindlich.

Sie können obenrum anziehen, was Ihnen beliebt, solange Ihre Schuhe geputzt sind. Selbst Jogginghosen sind dann verzeihlich.

Wenn die Ledersohle Ihres Schuhs durch das Brandzeichen JR geadelt wird, dann stammt diese aus der ältesten und bekanntesten noch arbeitenden Ledergerberei Deutschlands, und Sie sind im Bilde, sonst hätten Sie die ja nicht gekauft.

Es gibt Veganer, die echtes Leder für Schuhwerk ablehnen und nur Schuhe aus Kunstleder tragen. Allemal konsequent und ehrenwert. Kunstleder wird aber bekanntlich aus Erdöl hergestellt. Was ist denn dann mit den putzigen Dinosauriern, deren sterbliche Überreste im Erdöl enthalten sind?

Auch wenn Frauen bei der Begegnung mit einem Mann durchaus nicht als Erstes auf die Schuhe schauen, so spielt der gute Schuh in der weiblichen Gesamtbeurteilung doch eine große Rolle, denn das Laufwerk verrät manchmal mehr über den Träger, als diesem lieb sein kann.

Letztendlich ist es ja so: Eine richtige Schuhkultur, wie es sie zum Beispiel seit ewigen Zeiten in Great Britain gibt, haben wir hier nicht. Wir könnten das aber gemeinsam a bisserl ändern.

Die meisten, und dazu zähle ich hauptsächlich die Herren der Schöpfung, betrachten den Schuh als reines Fortbewegungsmittel, das man tagtäglich über viele Stunden hinweg quält. Guter Rat von mir: Leder ist ein wertvolles Naturmaterial und sollte respektiert werden.

Putz deine Schuhe! Egal, wie rasch sie wieder schmutzig werden. Creme aus echtem Bienenwachs ist dabei das Gebot der Stunde. Es duftet so großartig, dass man es fast aufs Butterbrot schmieren will, und verleiht nach der Abreibung mit einer Rosshaarbürste ein Gefunkel vom Feinsten.

Ich behaupte, der Schuh ist das gewichtigste Kleidungsstück des Mannes. Er kann in der fragwürdigsten Gewandung umherirren, solange die Schuhe auf Hochglanz poliert sind.

Für jeden Anlass sollten Sie den passenden Schuh im Schrank haben. Achten Sie dabei auch stets auf Ihre Socken.

Welche Schuhe trage ich aber nun zu welchem Anlass, und wie viele Paar Schuhe brauche ich eigentlich?

Als Joschka Fischer 1985 mit weißen Turnschuhen zu seiner Vereidigung als hessischer Umweltminister erschien, lösten seine Sneakers einen veritablen Skandal aus. Fischer setzte sich öffentlich über jeden Dresscode hinweg, gleichzeitig hatte der Auftritt etwas vom Sexappeal des Kleinrevolutionärs. Das politische Establishment war traumatisiert bis erschüttert, und die Kommentare oszillierten zwischen bösartig und bissig.

Inzwischen scheint sich der sogenannte Dresscode den Schuhen angepasst zu haben, Sneakers sind eine Art universelles Schuhwerk geworden, wofür ich, meiner Schuhgröße wegen, aber nur wegen der Schuhgröße, recht dankbar bin.

Der Anlass spielt für die Wahl des »richtigen« Schuhs dennoch eine wichtige Rolle. In Lackschuhen auf den Tennisplatz? Kann man machen, tut den Schuhen aber nicht gut, abgesehen davon, dass man Gefahr läuft, auf dem roten Feinstaub mit den feinen Ledersöhlchen in keinem Falle verkehrstüchtig zu sein. In Turnschuhen zum Staatsempfang? Wenn Sie, werter Leser, Joschka Fischer sind, nur zu, sonst eher nein. Von Gummistiefeln ist bei solchen Anlässen ebenfalls eher abzuraten, es sei denn, es ist gerade mal wieder Hochwasser – ein recht beliebter Wahlkampfhelfer, wenn es denn zur rechten Zeit kommt. Ansonsten leisten Gummistiefel im Pferdestall beim Ausmisten oder im Platzregen wunderbare Dienste, und nur dort sollte man sie tragen.

Der Schuhschrank eines Mannes – besser gesagt, eines Gentlemans, und das sind wir doch alle, nicht wahr? – ist mit folgenden Schuhen basisbestückt: zwei Paar Halbschuhe für jeden Tag, seien es glatte Halbschuhe, Budapester oder Brogues, wobei die Faustformel gilt: Je glatter das Leder, desto geeigneter ist der Schuh für einen formellen Anlass. Je mehr Struktur Ihre Läufer auszeichnet, desto mehr passen sie ins Freizeitvergnügen. Exotische Ledersorten wie Strauß, Hai oder Krokodil sollten Sie sich aus Artenschutzgründen nicht zulegen. Wirklich nicht. Wozu aber zwei Paar Schuhe? fragt der sparsame Mann. Antwort: Gute Lederschuhe sollten sich nach einem Tag des Tragens auf einem Schuhspanner, vorzugsweise aus Zedernholz, ausruhen, trocknen und erholen.

Sneakers gehen in allen Farben, und je nach Marke sind sie top geschliffen und gesellschaftsfähig. Ein kleiner Tipp: Dunkelblauer Anzug, weißes Shirt, gepaart mit weißen Sneakers, und Sie sind ein echt krasser Player.

Natürlich kann man noch Loafer, Monkstrap und ähnliche Schönheiten in den Schuhschrank stellen, je nachdem, welchen Dresscode man zu erfüllen hat, oder einfach nur aus Freude an schönen und guten Schuhen. Bequeme Budapester mit Vibramprofilsohle sind fabelhafte Freizeitschuhe, die auch gröberem Gelände und Pferdeställen standhalten. Die Faustregel ist aber: Jeder Anlass, jede Jahreszeit und jede sportliche Aktivität bedingt von jeder Schuhsorte zwei.

Damen werden mir da zustimmen, für sie sind zwei Paare zu jedem Anlass meist eher die Untergrenze. Sie messen Schuhen generell mehr Bedeutung bei und verfügen oft über ein beachtliches Portfolio an läuferischen Möglichkeiten. In eigens angefertigten Schränken werden die Treterchen nach Farbe, Material und Höhe angerichtet. Sie brauchen in der Regel – außer von der guten Freundin – überhaupt keine Ratschläge. Schon gar nicht von mir.

Das Thema »Damenschuhe« ist für einen Mann ohnehin sehr dünnes Eis! Liegt auf Rang eins. Direkt vor den Handtaschen. Einmal begleitete ich meine damalige Frau zum Schuheinkauf. Das war das einzige und auch letzte Mal. Auf ihre Frage: »Schatz, wie findest du diese Schuhe?«, antwortete ich wahrheitsgemäß und bar jeder Ironie: »Liebling, in diesen Schuhen wirst du sehr schnell krumme Zehen kriegen.« Nach der zweiten solchen, aus ihrer Sicht unqualifizierten Ansage riet sie mir mit eisiger Miene: »Schatz, du wartest vielleicht besser im Café auf mich!«

Dem war nichts hinzufügen.

Der Cohnrat

Nix ist schlimmer als billige Scheißschuhe, denn die Wahl des Schuhs sagt mehr über den Menschen aus, der sie trägt, als dessen gesamte Kleidung.

Trägt Man(n) wieder Hut?

Der Hut ist tot? Lang lebe der Hut! Alljährlich gibt die Headwear Association – die »Academy« der internationalen Hutmacher – die Neuaufnahmen in die Hall of Fame der Hüte bekannt: 2016 waren es unter anderem Usher, Justin Timberlake und Christina Aguilera! Prince wurde zum siebten Mal in einer Erdrutschwahl zur »Hat Person of the Year« gewählt! Der Hut ist also mitnichten ein alter Hut.

Warum trage *ich* Hut? Ganz einfach, weil ich mit einem Mützchen auf meinem Kopf ziemlich bescheuert aussehe. Die Ballonmütze zum Beispiel, die Che Guevara zum Markenzeichen der kommunistischen Revolution machte, steht mir überhaupt nicht. Vermutlich bin ich zu wenig revolutionär oder verfüge über zu

Passen Sie sich auf Reisen den örtlichen Kleidungsgewohn-heiten an. Tragen Sie in den Vereinigten Staaten statt Hut eine Baseball Cap, um Ihren Respekt zu zeigen.

Hüte mit kleinen Krempen bergen die Gefahr der Lächerlichkeit. Achten Sie auf ein passendes Outfit und tragen Sie den Hut mit eleganter Lässigkeit.

viel »Ballon« an anderen Stellen. Die übelste aller Mützen war ein Strickprodukt meiner Ex, eine Haube, deren Ränder sich wie ein frisches Präservativ zusammenrollten. Eine Kleidung gewordene Provokation schlechten Geschmacks.

Für andere Menschen hingegen sind Mützen nützlich, warm, weich, angenehm zu tragen und, sofern man ein Mützengesicht hat, meist wirklich kleidsam, südlich der Donau sagt man »fesch«. Als »Flat Cap« sind sie aus dem englischen Landleben, vom Golfplatz und von der Jagd nicht wegzudenken. Die Baseball Cap hingegen ist eine andere Geschichte. Ihren weltweiten Siegeszug zu kritisieren wäre kindisch, sie schön zu finden ist deshalb noch lange nicht nötig. Zugegeben, als Sonnenschutz ist sie allemal hübscher als das weiße, oft grün beschirmte Sonnenhütchen, mit dem deutsche Urlauber im Ausland zehn Meilen gegen den Wind als solche auffallen. Als Markenzeichen des 45. US-amerikanischen Präsidenten, der sie gerne auf seinem Toupet trägt, lässt sie ganz und gar nichts Gutes ahnen, zumindest nicht, was dessen Stilempfinden betrifft. Ob die Gegner der USA jetzt wieder vermehrt mit Al-Fatah, auch bekannt als Arafat-Tuch, auf dem Kopf herumlaufen werden?

Zurück zum Hut. Woraus besteht ein Hut? Blöde Frage möchte man meinen. Dennoch: aus der Krone und der Krempe. Krone deswegen, weil sich in grauer Vorzeit Könige und andere Alphaviecher einen Edelmetallring um die Mütze drehten, um damit ihre Würde zu plakatieren. Welche Blüten solches Geltungsbedürfnis treiben kann, wird uns regelmäßig von den »Würdenträgern« der meisten Religionen demonstriert: dem Papst mit seiner Tiara oder die Skufija des orthodoxen Geistlichen. Erstaunlich ist dabei vor allem, dass niemand zu bemerken scheint, wie lächerlich und anachronistisch heute eine halbmeterhohe Mütze mit drei Kronen darauf aussieht. Oder eine weiße Riesenzwiebel, die fatal an Mr. Bean und seinen Truthahn auf dem Kopf erinnert. Kleidsam und schick ist anders.

Dennoch: Für jeden Hut gibt es ein Gesicht respektive für jedes Gesicht einen Hut. Die beiden müssen sich nur finden.

Wer beispielsweise ein Pfannkuchengesicht auf seinem Hals trägt, sollte Zündhütchen à la Roger Cicero vermeiden.

Persönlich bin ich der Meinung: Je größer und runder ein Gesicht, umso größer sollte die Krempe sein.

Generell bergen Hüte mit kleinen Krempen die Gefahr der Lächerlichkeit, besonders wenn sie aus Cordsamt sind und über karierten Hemden und Cordhosen mit Hosenträgern getragen werden. Aber gut, wer so was trägt, ist für Fragen des guten Geschmacks sowieso nicht erreichbar und fährt auf der Hutablage seines Autos eine Klorolle mit Häkelmützchen spazieren.

Angenommen, Sie gehören nicht zu dieser Spezies, wie finden Sie nun also den richtigen Hut? Auf Partner und Ehegatten hören? Selten empfehlenswert, wenn es darum geht, was Ihnen tatsächlich steht, und nicht, was Ihr Partner an Ihnen sehen möchte. Manch einer sollte sogar konsequent das Gegenteil von dem anziehen, was der Partner rät. Nicht gut für die Beziehung, aber gut für das Aussehen. Der einfachere Weg zum richtigen Hut: Suchen Sie sich den Filmstar, der Ihnen am ähnlichsten sieht, schauen Sie, welche Hüte er trägt, und voilà, schon profitieren Sie kostenlos von seiner sündhaft teuren Styleberatung.

Die meisten tragen übrigens »Klassiker«, die sich seit jeher in den Kleiderschränken der Gentlemen finden lassen:

Der Fedora: ein wunderbarer, sehr schicker Hut aus Filz. Gerne getragen zum Beispiel von Johnny Depp. Ich bevorzuge Hasenhaarfilz, das ist besonders angenehm und elegant. Ein Fedora ist in verschiedenen Farben erhältlich, Schwarz ist die meine. In braun, mit schwarzem Hutband, tragen ihn in Filmen die bösen Buben der Mafia, die Guten tragen ihn mit hellem Hutband.

Hüte aus Filz trägt man vorzugsweise nicht im Sommer, zu dieser Jahreszeit schützt **der Panama** die Glatze vor Sonnenbrand. Ein Panama kommt eigentlich aus Ecuador. Mit der Geografie hatten es die Entdecker ja nicht immer so, immerhin liegen Panama und Ecuador nicht ganz so weit auseinander wie Indien und Amerika. Panamas werden aus den fein bearbeiteten Blättern der Panamahutpflanze gefertigt, und es gibt sie in allen gängigen Hutformen. Je feiner das Material, umso besser und wertvoller ist der Hut. Die Krönung der Panamahutmacherkunst ist der **rollbare Optimo Superfino** oder eben auch **Rolling Panama** genannt, den ich wegen seiner Eleganz und seiner Reisefreundlichkeit besonders liebe. Der Optimo hat einen Falz in der Mitte, Gregory Peck trägt ihn in *To kill a Mockingbird*. Prinz Charles wurde auch schon damit gesichtet.

Trachtenhüte unterliegen einem besonderen Kodex; diejenigen, die solche Hüte tragen, wissen, wie der ihrige traditionsgemäß auszusehen hat. Mit dem meinigen sehe ich wie ein Miesbacher Bauer bei der Viehscheid aus, weshalb er auch kein ernst zu nehmender Bestandteil meines Kleiderschranks ist. Darüber hinaus gilt es für »Zuagroaste«, tunlichst nicht in die Tracht derer zu schlüpfen, in deren Region sie sich zwecks Urlaubs oder Ruhestands gerade aufhalten.

Mehr Hüte braucht ein Gentleman eigentlich nicht, alle weiteren sind Extras, die man sich gönnen darf oder die für bestimmte Anlässe erforderlich sind, wie zum Beispiel der **Zylinder**. Dieser wird in traditionsbewussten – manche würden sagen »von ges-

Der Fedora verleiht Ihnen ein etwas verruchtes Aussehen.

Mit dem Panama sind Sie perfekt gekleidet für jedes
Poloturnier.

Reisen Sie Richtung Alpen, ist der Trachtenhut die richtige Wahl.

Haben Sie die Alpen überquert, schwitzt es sich stilvoll im Safarihut.

tern« – Gesellschaften zu besonderen Anlässen getragen, zum Beispiel in Großbritannien.

Der **Homburg:** ist leider out. Adenauer, Hercule Poirot und viele andere honorige Köpfe trugen ihn mit großer Würde. Seine nach oben und innen gerollte Krempe macht ihn unverkennbar und gewissermaßen zum kontinentalen Gegenstück der britischen Melone (ich werd's trotzdem mal versuchen, wieder einen in der Öffentlichkeit zu tragen).

Melone: Dienstkleidung für Fiakerkutscher in Wien und für spezielles Personal in England, ansonsten: out!

Was ich ebenfalls überhaupt nicht ausstehen kann, sind Hüte mit »Ententeich«, also mit einer runden Einbuchtung in der Krone, die sich bei Regen mit Wasser füllt. Den Ententeich findet man vorzugsweise in den Kopfbedeckungen mit der nach allen Seiten heruntergebogenen Krempe aus Australien und Nordamerika. Crocodile Dundee trägt seinen mit Krokodilzähnen am Hutband. Das sind klassische **Outdoorhüte**, die vielleicht McLeods Töchtern, aber niemals einem Gentleman gut zu Gesichte stehen. Viel formschöner ist dagegen der **Safarihut**.

Nachdem Sie dann herausgefunden haben, welcher Hut zu Ihrem Gesicht passt, müssen Sie ihn nur noch kaufen. Gehen Sie dazu in ein Hutgeschäft. Suchen Sie sich einen Fachmann, der Sie gut berät und Ihnen zum passenden Hut verhilft. Gut, Sie könnten das jetzt googeln. Vertrauen Sie mir, Google versteht nichts von guten Hutmachern! Die Kunst guten Hutmachens wird über Generationen hinweg vererbt und ist ein Geheimtipp. Fragen Sie im Geschäft freundlich, ob man Ihnen einen alten Hut etwas her-

Lüften Sie zur Begrüßung den Hut. Sie sind doch schließlich kein Rüpel, Sie Flegel!

richten, reinigen und auch ein wenig dehnen könnte. Lautet die Antwort: »Wir verkaufen nur Hüte und haben keine Werkstatt«, gehen Sie sofort wieder, Sie werden hier nichts finden.

Falls Sie in der Nähe von Köln wohnen, kann ich Ihnen das kleine Hutlädelchen eines entzückenden alten Pärchens in einer Querstraße zur Magnusstraße empfehlen. Sie haben mir meinen Fedora und meinen Panama gemacht. Ich hoffe nur, dass sie sich bei Erscheinen dieses Buches noch bester Gesundheit erfreuen.

Am liebsten allerdings gehe ich nach London. Und zwar in die legendäre Jermyn Street beim Piccadilly Circus. In dieser Straße gibt es alles, was in Sachen Kleidung Rang und Namen hat. Hier befindet sich der berühmte Hutmacher »Bates«. Sein Ladengeschäft wurde sage und schreibe im Jahr 1898 (in Worten: Achtzehnhundertachtundneunzig) eröffnet. Unbestätigten Gerüchten zufolge soll das britische Sprichwort »mad as a hatter«, »bekloppt wie ein Hutmacher«, auf den ersten Bates zurückgehen. Der ausgestopfte Kater, das nun über 100-jährige Maskottchen dieses Hutmachers, könnte diese Vermutung bestätigen. Auf alle Fälle bekommen Sie dort fabelhafte Hüte.

Der meiner Ansicht nach beste Hutmacher findet sich allerdings in Wien, im Hinterhof der Mariahilfer Straße 4. Dort können Sie sich den Hut Ihres Lebens anfertigen lassen. Ganz nach alter Hutmacherkunst. Sie werden es nicht bereuen.

Wenn Sie dann den perfekten Hut gefunden haben, will dieser natürlich mit Stil getragen werden. Auch heute noch gilt: Bei einer Begegnung auf der Straße zieht der Herr zum Gruß den Hut. Diese schöne Tradition wurzelt im Mittelalter, als die Wege von zahlreichen unberechenbaren »Men in Blech« unsicher gemacht wurden. Es galt folgende überlebenswichtige Regel: Wenn sich zwei Blechtrottel zu Pferde begegneten, war ein zugeklapptes Visier das Signal, die Lanze anzulegen und den Kontrahenten in gestrecktem Galopp möglichst vehement vom Pferd zu rempeln, wollte man nicht selbst unsanfte Bekanntschaft mit Straßenkot und anderem unerfreulich Riechendem machen. Ein offenes Visier hingegen signalisierte Friedfertigkeit. Und da »Ritterlichkeit« bis heute die Grundlage unseres gesamten Verhaltenskodex ist, zieht ein Herr zum Gruße den Hut. Sollte es Ihr Gegenüber jedoch unterlassen, den Hut zu ziehen, berechtigt Sie das nicht, ihn prophylaktisch zu ohrfeigen oder ihm den Hut vom Kopf zu schlagen. Derart unqualifiziertes, aggressives Verhalten ist genauso wie der Keuschheitsgürtel in der Versenkung der Geschichte verschwunden. Wenn Sie sich als gesellschaftlich besonders geschliffen erweisen wollen, dann ziehen Sie den Hut mit der dem Begrüßten abgewandten Hand. Ihr Gegenüber wird es sehr zu schätzen wissen, Ihren alten, speckigen Filz nicht ins Gesicht geschlagen zu bekommen.

Und immer noch gilt, beim Betreten von Gebäuden nimmt Mann den Hut vom Kopf. Baseball Caps und andere proletarische Kopfbedeckungen verbleiben, mit Ausnahme in der Kirche, auf dem Kopf.

Zu guter Letzt ein Wort zu Damenhüten. Auch wenn es den Anschein haben mag, dass Damenhüte zu den ausgestorbenen Kleidungsstücken gehören und der Beruf der Modistin, der Damenhutmacherin, allenfalls noch im Freilichtmuseum anzutreffen ist, gehören Damenhüte, meiner unmaßgeblichen Meinung nach, zu den kleidsamsten und schönsten Accessoires einer Lady. Joyce Ilg zum Beispiel sah bei der Verleihung der Goldenen Kamera 2017 mit ihrer grauen »Pillbox« auf dem Kopf absolut hinreißend aus. Ich bin überzeugt, der Damenhut kommt wieder.

Da Damenhüte und -frisuren jedoch meistens aufwendig und leicht instabil sind, entfällt das männliche Grußritual. Auch in Kirchen und Gebäuden dürfen Damenhüte dort bleiben, wo sie hingehören, nämlich auf dem Kopf. Ab der Größe eines halben Wagenrades ist es jedoch auch für eine Dame angezeigt, den Hut an der Garderobe abzugeben.

Also, meine Damen, zeigen Sie wieder Mut zum Hut.

Der Cohnrat

Sie suchen eine passende Kopfbedeckung für das Pfannkuchengesicht, das Ihren Hals abschließt? Sind Sie ein Hut-, Mützen-, Flatcap- oder Baseball-Cap-Typ?

Das müssen Sie erst klären, bevor Sie weitersuchen! Sonst wird das nix mit dem Hut!

Mit Schirm, Schal und ... Hemd

Ich gehöre zur Gattung der Frackträger, seit ich festgestellt habe, dass bei vielen Veranstaltungen die Kellner die beste Figur abgeben. Die wissen, wer sie sind, wo sie sind und aus welchem Grund sie da sind. Ein Frack gibt anscheinend mehr Sicherheit und weniger Fracksausen.

So eine Gewandung umweht mit zunehmendem Alter zusätzlich fast eine aristokratische Wirkung. Glauben Sie mir, das hebt die Gemütslage besonders in schwierigen Situationen. Die männlichen Passagiere auf der Titanic tranken nicht nur den Begrüßungschampagner mit Haltung, auch beim Absacker machten sie noch eine gute Figur. Vornehm geht die Welt zugrunde. Jeder Schmetterlingsfänger, Rollrasenbesitzer oder Delphibesucher wird Ihnen attestieren, dass Sie Sinn für wohlgestaltete Details haben, wahrscheinlich ein Kunstkenner sind und in den Kellergewölben Ihres Châteaus namhafte alte Weine lagern. Sie müssen sich nur darüber im Klaren sein, ob Sie diesen Eindruck glaubwürdig erwecken wollen.

Ob Oberhemd oder Sakko gut aussehen und vor allen Dingen sitzen, das sieht und spürt man selbst. Sie müssen damit schlafen wollen. Ich besitze einen anschmiegsamen Zweireiher, mit dem ich morgens schon öfter aufgewacht bin.

Wenn Sie sich diese Dinge durch einen cleveren Verkäufer in der Herrenabteilung oder durch einen Online-Algorithmus (»Nur noch ein Stück verfügbar«) aufschwatzen lassen, haben Sie schon verloren. Sätze wie »Der feste Sitz unter dem Arm dient dem Shape« scheinen zunächst fachmännisch, führen aber dazu, dass Sie am Ende zwar an Fasson gewonnen, doch an Wohlbefinden dramatisch verloren haben. Auf Deutsch, das Ding kneift ganz gemein unter den Armen. Das können Sie nicht wollen, und Ihre Begleitung, sosehr sie beim Einkauf mit dem Verkäufer mit einer Zunge geredet haben mag (klingt unsittlich, sorry), auch nicht. Kaufen Sie handgenäht beim Herrenausstatter. Der Stoff, den Sie für ein maßgeschneidertes Kleidungsstück mit der erfahrenen Hilfe des Schneiders wählen, wird seinen makellosen Griff auch über Jahre ungebremsten Wachstums behalten, und jeder weise Schneider sorgt an den kritischen Stellen für reichlich Stoff hinter den Nähten zum späteren Vergrößern des Anzugs. Was Sie dennoch nicht zu ungebremsten Aktionen am Buffet verleiten sollte.

Achten Sie auf die Verarbeitung. Ziehen Sie fachkundig an den Nähten, mit prüfendem Blick. Es wird Ihrem Schneider, sofern Sie sich nach der Lektüre entschließen, Prêt-à-porter Adieu zu sagen, das unmissverständliche Signal geben, dass Sie ein kritischer Kunde sind. Er wird sich folglich noch größere Mühe bei der Verarbeitung Ihrer Maßanzüge geben. Je kleiner die Stiche, desto besser die handwerkliche Qualität. Selbst das Knopfloch ist von Hand gefertigt und zeugt von der Fertigkeit tapferer Schneiderleins, die mit gekreuzten Beinen auf ihren Tischen sitzen, sieben Fliegen erschlagen und nadeln, was das Zeug hält. Oder so ähnlich.

Ein Beispiel für wunderbares Schneiderhandwerk: Ciro Paone, Spross einer neapolitanischen Stoffhändlerfamilie aus Arzano, einem Vorort von Neapel, und Gründer des Modelabels Kiton. Dieser italienische Patriarch, der mittlerweile leider im Rollstuhl sitzt, setzte von Anfang an auf das handwerkliche Können und die Fertigkeit seiner Landsleute. Jedes Kleidungsstück bis hin zum Einstecktuch wird in Arzano hergestellt. Die besten Schnitte, die besten Stoffe, zu über 70 Prozent in der eigenen Weberei kreiert, sind gerade gut genug. Jeder Stich wird von Hand gesetzt. Es spielt keine Rolle, ob die Kleidungsstücke maßgeschneidert sind oder fertig im Laden hängen. Wenn Sie die Gelegenheit haben, in ein Kiton-Geschäft zu gehen, fassen Sie die guten Stoffe an, fühlen Sie, wofür ich hier schwärme.

Machen Sie sich vor allem frei vom Trenddiktat, greifen Sie zum Klassiker. Denn damit das heimtückische Geschäftsmodell der Mode funktioniert, dreht sich das Karussell der Kollektionen

immer schneller. Schon ganz taumelig unterwerfen wir uns, damit große Modekonzerne Profit machen. Die raffinierte Methode ist, uns glauben zu machen, dass sich die Zeiten ändern, ergo auch die Mode. Und so brauchen wir zu jeder Saison ein neues Hemd in den aktuellen Trendfarben. In Wahrheit jedoch ist das einzig richtige Hemd weiß! Es ist mit allem kombinierbar. Kein Anlass, keine Hose, kein Anzug, mit dem es nicht harmoniert. Da ist das Ding echt kooperativ, und Flecken gehen auch leichter raus! Tragen Sie es mit Krawatte. Wenn Sie jedoch, wie ich, ein Individualist sind, dann können Sie auch einen Krawattenschal tragen. Das ist exklusiver, stylischer und vor allem individueller. Aber: nur Tücher aus Seide und nicht mehr als zwei Knöpfe am Hemd offen lassen!

Hemden mit offenem Kragen unter dem Freizeitsakko, vorzugsweise einem Blazer, sind unschlagbar. Soll es feierlich sein, ein Smokinghemd mit Stehkragen zur Fliege.

Träger weißer Hemden wirken sauber, souverän, ordentlich und feierlich. Mit einem guten weißen Hemd sehen Sie weder wie ein Autohausverkäufer, Versicherungsvertreter noch wie ein Faschingsprinz aus.

Gute weiße Hemden haben ihren Preis, aber man kann beim Kauf wenig falsch machen, außer sich in der Größe zu vertun.

Damit will ich keineswegs die Hemdenfarbpalette desavouieren. Jedem das seine. Probieren Sie aber mal ausschließlich weiße Hemden aus. Saubere Sache. Weiße Hemden kann man nicht genug haben. Was für die Damen die Schuhe, sind für unsereinen weiße Hemden.

An meine Haut lasse ich ansonsten nur Wasser und Kaschmir. Eine der Eigenschaften dieser Wolle ist, dass sie kaum Gerüche von männlichen Talgdrüsen annimmt und man beruhigt schwitzen kann. Perfekt geeignet für einen Schal. Mann schwitzt ja meist im Nacken. Viele Herren der Schöpfung legen ihren Kaschmirschal auch bei hohen Temperaturen oder in geheizten Räumen nicht ab, weil sie wissen, wie stilvoll und verwegen sie damit wirken.

Der Schal ist ein unentbehrliches Accessoire. Als Kreativer und als Künstler, was ja die meisten von uns sind, gell, wickeln Sie sich bitte den Schal Ihrer Wahl, egal ob aus Kaschmir, Leinen, leichter Viskose oder feiner Baumwolle, mehrfach um den Hals. Dass er dafür eine entsprechende Länge braucht, ist klar (mindestens 190 cm sollte er haben). So wirken Sie auf Ihre Mitmenschen, im Speziellen auf das andere Geschlecht, wie freiheitsliebende Helden. Glauben Sie mir, der kürzeste Hals, der dickste Nacken oder, wie bei mir, der voluminöseste Oberkörper, werden durch einen dramatisch gebundenen Schal optisch gestreckt. Es wäre also,

nach Abwägung der aufgeführten Gründe, grob fahrlässig, darauf zu verzichten.

Ich empfehle feine Qualität, keine albernen Karos oder tierischen Motive, keine Bommeln oder langen Fransen mit kleinen lustigen Knötchen am Ende und bitte eine eindeutig definierte Farbe. Es müssen definitiv keine überteuerten Designerstücke mit Hinguckerlogo sein. Das lenkt ab. Sie können Ihren Schal knoten, um den Hals werfen oder ihn über den Kopf ziehen, wenn es regnet. Womit ich beim nächsten Thema wäre: dem Schirm.

Werfen wir einen Blick auf eine deutsche Fußgängerzone im Regen. Gestalten mit traurigen Mützen und noch tristeren Schirmen rempeln einander an und hasten aneinander vorbei. Hemmungslos tragen vorzugsweise Männer Reklame in Schirmform mit sich herum: Aufdrucke für Kopfschmerzmittel, Hotels, Apotheken, Versicherungen oder Telefongesellschaften. Bedauerlicherweise hat sich das Phänomen seither verschärft. Fast könnte man dem deutschen Mann raten, sich beregnen zu lassen, statt sich der Lächerlichkeit, als wandelnde Reklametafel zu fungieren, preiszugeben.

Es gibt in unseren Breiten selbst bei ansonsten gut ausgestatteter Klientel keinerlei Schirmbewusstsein. Bei unseren Großvätern waren Schirme noch Bestandteil guter Kleidung. Heute gel-

ten Schirme als lästig, weil man sie laufend verliert. Die verlustbedingten grässlichen Notkäufe kleben an uns wie die Fliegen am Honig.

Geben Sie dem Regenschirm seine Würde und Eleganz zurück und degradieren Sie ihn nicht zu einem wasserabweisenden Gebrauchsgegenstand. Immerhin ist er bereits 4000 Jahre alt, auch wenn er die erste Zeit nur gegen Sonne schützte. Lange war er nur Herrschern, Königen und Kaisern vorbehalten. Knüpfen Sie daran an und vergessen Sie Knirpse und Werbeschirme. Nehmen Sie sich die Briten zum Vorbild und kaufen Sie sich einen Schirm, der den Namen verdient.

Besser können Sie nicht Eindruck machen.

Der Cohnrat

Ein Gentleman zeigt seinen Knirps niemals in der Öffentlichkeit, er trägt einen ordentlichen Schirm.

Das gute alte Taschentuch

»Morgen, morgen ist auch noch ein Tag«, schluchzte Scarlett O'Hara, als der smarte Rhett Butler sich am hohen Torbogen der mondänen Atlanta-Villa nicht einmal mehr umdrehte. Als Gentleman hätte er, wütend oder nicht, in die Tasche seines Gehrocks gegriffen und ihr ein Tuch aus feinstem Stoffe gereicht. So aber konnten Heerscharen von Damen im Kino ihre Tränen nicht zurückhalten, und jeder Begleiter, der dann ein ebensolches Taschentuch parat hatte, wurde – so ist zu vermuten – sehr zügig

Ehemann und Vater. So schnell kann's gehen, mit dem richtigen Accessoire an der richtigen Stelle.

Glauben Sie mir, meine Herren, mit dem natürlichen Feind dreilagiger Papiertaschentücher gelten Sie als vorbereiteter Kavalier. Stecken Sie sich, Himmel noch mal, das stilvollste und brauchbarste aller Accessoires ab sofort in die Hosentasche, Jackentasche, Manteltasche, Aktentasche. In irgendeine Tasche halt, die elegant und mit einem coolen Move erreichbar ist. Denn ein Taschentuch nach alter Manier ist modern, umweltbewusst, ökologisch vertretbar, weil immer wieder waschbar, und das Wichtigste, es entlarvt Sie als letzten noch lebenden Romantiker. Was ist den Tränen einer Dame reputierlicher als ein Tuch feinsten Gewebes? Achten Sie nur darauf, dass es gewaschen, gebügelt und im Viereck gefaltet ist, und vor allem, nehmen Sie jeden Tag ein frisches Taschentuch! Ich glaube, ich muss nicht vertiefen, wie grauslich es ist, wenn Ihr Gegenüber in den öffentlichen Verkehrsmitteln ein Stofftuch aus der Tasche zieht, dem man seine über einwöchige, mehrfarbige Krankengeschichte deutlich ansieht. Spätestens dann empfiehlt es sich, das eigene Tüchlein vor Mund und Nase zu halten. Ich für meinen Teil sprühe für solche Fälle auch immer noch ordentlich Parfüm drauf. Ganz nebenbei kann sich so der Duft im Näschen Ihrer Herzensdame festsetzen. Welcher das ist, wissen Sie am besten selbst.

Das Taschentuch ist übrigens seit Jahrhunderten Teil menschlichen Paarungsrituals respektive Balzverhaltens. Zu gewissen Epochen zum Beispiel ließen Damen ein Taschentuch fallen, wenn sie einen Kavalier auffordern wollten, sie anzusprechen. Die konnten das dann lassen oder die Chance ergreifen. Das waren noch gut navigierte, echt krasse Player.

Die ersten Stofftaschentücher wurden angeblich vom tapferen Weberlein Baptiste Chambray ungefähr um 1300 in Flandern hergestellt. Der Stoff, den er eigens dafür entwickelte, trägt seither seinen Namen: der Seiden-, Baumwoll- oder Leinenbatist. Die Herren bewahrten das Tüchlein in einer Tasche am Gürtel auf. Erst um 1450 fing man an, sehr säuberlich zwischen Schweißtüchern, Nasentüchern, Hals- und Ziertüchern zu unterscheiden.

Am 29. Januar 1929 begann dann das Papiertaschentuch der Firma Tempo seinen Siegeszug um die Welt. Im gleichen ereignisreichen Jahr, am 25. Oktober, war der große Börsencrash in New York, und die Aktienmärkte brachen weltweit zusammen. Und, was soll ich sagen? Die Papierteile kamen gerade recht, um ordentlich loszuheulen. Die Dinger flogen genauso schnell in den Abfalleimer wie die wertlosen Aktien. Die halbe Welt hat Rotz und Wasser geheult.

Ich besitze übrigens etwa hundert Taschentücher mit Monogramm aus Leinen, Baumwolle und Seide, für jeden Anlass das richtige. Auch als Einstecktüchlein sind sie verwendbar. Zwei davon habe ich immer dabei, eines für die oben erwähnte Dame und eines für mich.

Ach, und unhygienisch? Na, haben Sie schon mal so ein mickriges Papiertaschentuch durchgeschnäuzt? Aber das wollen wir hier nicht vertiefen, denn das schickt sich, nicht nur im japanischen Kulturkreis, nun wirklich nicht.

Der Cohnrat

Taschentücher braucht man vor allem dann, wenn man sie nicht dabeihat! Gehen Sie deshalb nie ohne ein solches in der Tasche aus dem Haus.

Exkurs: Tätowierungen – Epidemie auf der Epidermis

Als Vertreter einer Generation, in der Tätowierungen als Knastlogo galten oder dem Milieu der Seefahrer zuzurechnen waren, beobachte ich mit einer Mischung aus Entsetzen und Erstaunen die Entwicklungen auf diesem Terrain. Dass Tattoos in der Mitte der Gesellschaft angekommen sind, erlebte ich bereits vor einigen Jahren bei einem Radausflug mit einem Kind. Eine junge Radlerin, deren Tanga über der Low-waist-Jeans den Ansatz zweier praller Pobacken freigab, überholte uns von rechts. Und das Kind auf dem Rücksitz meiner Bekannten rief: »Mama, die hat ja gar kein Arschgeweih!« Inzwischen hat sich das Phänomen flächendeckend auf der Haut der modernen Zivilisation breitgemacht. Eigentlich nichts Neues unter der Sonne, trug doch schon Ötzi über 50 Tätowierungen entlang der Hauptakupunkturlinien.

Begnügte man sich früher mit Anker, Herz und dem Namen einer Süßen, bietet junge Haut heutzutage eine herrliche Projektionsfläche für Bekenntnisse zum eigenen Lifestyle. Sturm und Drang auf der Haut. Immer noch bringt mich das Tattoo eines Punks aus den 90er-Jahren zum Lachen: »Alles Fotzen außer Mutti«.

Ungern sehe ich Warnhinweise, wie etwa das Tattoo auf dem Rücken einer mittelprächtigen Mittvierzigerin: »If you've lost your faith in love & music, the end won't be long«.

Gerne hingegen gebe ich mich Trompe-l'Œil-Motiven hin, denn gekonnt gemustert kann aus einem kurzen Hax'n ein langes Bein werden oder aus einem Beckenknochen ein betörendes Paradiesgärtlein sprießen. Weniger erquicklich der in die Höhe gereckte Kopf einer Kobra, der mich neulich im Gedränge auf der Schulter eines Mickerlings beinahe zu Tode erschreckte. Auch vom halb geöffneten Reißverschluss um eine unappetitliche Narbe ist unbedingt Abstand zu nehmen.

Einen kulturgeschichtlichen Überblick zum Phänomen Tätowierung überlasse ich anderen. Da dies ein Ratgeber zu Fragen des guten Stils und nicht des Stilbruchs ist, empfehle ich ohne Umschweife: Lassen Sie es!

Falls Sie nicht davon lassen können, lassen Sie sich wenigstens vor den gröbsten Fehlern oder gar Pannen bewahren.

Hüten Sie sich vor Tattoos mit Aufforderungscharakter: »Live hard, die young« kann in späteren Jahren wie ein uneingelöstes Versprechen wirken.

Auch Warnhinweise verlieren ihre Kraft: »Finger weg« ist nur auf junger Haut ein Imperativ.

Flehen um Liebe drückt eindeutig Demut aus: »If I lay here would you lie with me and just forget the world?« Bei diesem Tattoo wollte man lieber die Trägerin als die Welt vergessen ...

Witze auf der Haut lassen die Pointe irgendwann stumpf werden: Mit Möpsen auf den Möpsen machen Sie sich zur Kirmeströte. Wortspiele verlieren noch viel eher ihren Reiz, auch auf erogenen Zonen: »Optimismus heißt rückwärts Sumsi mit Po«. Sparen Sie sich Feindseligkeiten, Sie meißeln auf diese Weise ein ganz kleines Ego quasi in Stein: »We do not forgive« quer über einen wenig ausgeprägten Bizeps ist keine gute Idee. Und auch bei diesem Spruch auf der Haut gibt's noch Spielraum für Großzügigkeit: »Forgiveness forever, but never my enemies«.

Wählen Sie die Stelle gut aus. Eine fette Spinne mitten im Gesicht schafft unter Umständen mehr Distanz zu Ihren Mitmenschen, als Ihnen lieb ist. Auch mancher HNO-Arzt könnte Ihnen im Notfall die Behandlung verweigern.

Hüten Sie sich vor Pannen, denn Ihre Haut vergisst nie: »Never don't give up« ...

Sollte doch etwas schiefgegangen sein, lassen Sie sich zum Trost dieses Tattoo zitieren: »Realize that bodies are only a fraction of who we are. They're just oddly-shaped vessels for hearts. And honestly, they can barely contain us.« Immerhin, der Träger war so korrekt, den Autor Gabe Moss mit in die Haut zu ritzen.

Der Cohnrat

Ein entzückendes Schneewittchen auf einem jugendlichen Oberarm verliert auf Bingo-Flaps dramatisch an Reiz.

Kleidung in Schubladen

An einem sonnigen Tag flaniere ich die Straße entlang, als eine kleine, hinterhältige Irritation federleicht, aber gewichtig aus dem Nichts in meine Gedanken flattert. Ich zupfe an meinem rechten Jackenärmel. An der Manschette ist ein Kaffeefleck. Damit Ihnen so etwas nicht passiert, sollten Sie Kaffeeflecken oder Ähnliches immer sofort entfernen.

Im Schaufenster beobachte ich mein Spiegelbild und bemerke: Die guten Tage dieses Hemds sind vorbei. Ein neues muss her!

Ist Ihnen schon mal aufgefallen, dass Menschen, die immer dieselben Kleider tragen, auch immer wieder dasselbe denken und reden? Ich erlaube mir völlig wertfrei ein paar Beispiele.

Der Typ Langweiler: Anzug mit Krawatte, beides in den aktuell modischen Schnitten und Farben. Auf dem Kopf der Haarschnitt der Saison und in der Hand das angesagte Modegetränk. Selbst denken fällt diesem Lemming schwer.

Der Typ Lügner: zwielichtiger Anzug, auffällig bedeutend wirkend, schlechte Krawatte, Vorliebe für Farben wie Schlamm, Dunkelgrau, abgetretene Sohlen.

Der Typ albern: Sneakers zum Anzug, infantile, bunte Hemden und bedruckte T-Shirts. Auf dem Kopf Mützen oder Basecaps, in der Hand blödsinnige Accessoires wie MacBook, iPhone, iPad oder iPod. Er ist immer gut drauf und sehr beschäftigt. Ei, Ei, Ei.

Der Typ kindisch: Chucks und Jeans, vorzugsweise zu kurz, T-Shirt mit lustigen Logos, knapp über dem Arsch hängend. Ständiges Kichern am Telefon. Männlein wie Weiblein!

Der Typ kränklich: gedeckte, schlecht sitzende Kombination aus tristem Hemd und Cordhose, Umhängetasche und Brille. Fährt meist Fahrrad, trinkt Tee und ist Veganer. Neigt zur Melancholie.

Bei Frauen verschubladet sich das wie folgt: Sexbomben, strenge Schulrätinnen, verkopfte Erzieherinnen, Hipsterinnen, Hippies, versnobte Perlenträgerinnen, maskuline Akademikerinnen, aufstrebende Karrierefrauen und pseudomodische YouTuberinnen.

Wir lernen: Kleidung kommt nicht nur aus der Schublade, sie bringt uns auch hinein, und vor allem, sie macht Leute!

Etwas außer Atem erreiche ich den nächsten Herrenausstatter. Ein Hemd. Bitte! Neue Farbe, neue physische Kraft.

Kaum habe ich Hemd und Manschette ausgewechselt, bemerke ich eine kaum erkennbare, winzige weiße Linie an meiner Hosennaht, die sich wohl schon länger an der Innenseite meines rechten Hosenbeins einen Platz geschaffen hat. Macht nichts! Ich ignoriere diesen Angreifer erst mal. Das Hemd ist großartig. Die Manschetten erstrahlen im schönsten Bleu. Ich betrachte mich im Profil. Man könnte auch sagen, ich bewundere mich im Profil. Großartig! Wäre nur nicht diese kleine weiße, unverschämt forsche Linie an meinem Hosenbein. Ich drehe mich zur anderen Seite, gut, nicht mehr zu sehen, aus den Augenwinkeln vielleicht, minimal, aber dann nur rein zufällig. Mist. Die Linie ist eher größer als zuvor!!

Die Geschichte endet mit einer neuen Hose und ein paar wirklich herrlichen Schuhen aus Budapest. Ich fühle mich ausgezeichnet. Als ich das Geschäft verlasse, bin ich ein neuer Mensch.

Probieren Sie das auch einmal!

Zur Vertiefung

Und jetzt schauen wir mal, wie gut Sie aufgepasst haben, Sie Fuchs. Kreuzen Sie die richtige Antwort an oder schreiben Sie sie hinzu.

Warum lüftet der Mann seinen Hut, wenn er einen anderen Menschen begrüßt oder ihm auf der Straße begegnet?

A) Weil er zeigen will, dass seine Frisur trotz Hut immer noch besser als die des anderen aussieht.

B) Weil es im Mittelalter ein besonderes Zeichen der Höflichkeit und Friedfertigkeit war, bei der Begegnung mit einem anderen Ritter das Visier hochzuklappen, und sich diese ritterliche Form des Grüßens bis heute erhalten hat.

C) Weil er endlich mal wieder frische Luft an seine Glatze lassen möchte.

D) Weil er so seine Hände beschäftigt hält.

E) _____

_____

_____

_____

_____

Gute Hüte kauft man am besten

A) beim »Vu cumprà«, dem maghrebinischen fliegenden Händler am italienischen Badestrand.

B) im Souvenirgeschäft am Urlaubsort.

C) beim schon mindestens in der dritten Generation Hüte herstellenden Hutmacher in einer kleinen Seitenstraße in Manhattan, San Francisco, Paris, London, Berlin, Köln oder Wien.

D) _____

_____

_____

_____

Warum hängt im Kleiderschrank eines Gentlemans immer ein Frack?

A) Weil man damit in schlechten Zeiten leichter einen Job als Kellner findet.

B) Damit man was zum Anziehen hat, wenn der normale Anzug mit Essens- und Rotweinflecken ruiniert und noch nicht aus der Reinigung zurück ist.

C) Weil ein gut sitzender Frack bei vielen offiziellen Anlässen und festlichen Gelegenheiten unerlässlich ist.

D) Weil in einem Frack jeder, wirklich jeder, Mann eine bella figura macht.

E) _____

_____

_____

Warum trägt ein Gentleman eine Krawatte?

A) Weil man damit den offen stehenden Kragen des zu kleinen Hemds irgendwie zubinden will.

B) Weil die Spritzer der Tomatensoße auf einer stark gemusterten Krawatte weniger auffallen.

C) Weil man im Fernsehen die Zuschauer verstören will.

D) Weil man die Aufmerksamkeit der Betrachter auf diese Weise auf einen Nebenkriegsschauplatz lenken kann.

E) _____

_____

_____

_____

_____

Welches Hemd trägt man am besten zu welchem Anlass?

A) Stark gemusterte Flanellhemden, sogenannte Holzfällerhemden, eignen sich besonders für offizielle Anlässe und zum Smoking, denn man wird sofort als Original und Paradiesvogelerkannt.

B) Der Mann von Welt trägt weiße Hemden mit Krawatte selbst im Urlaub am FKK-Strand.

C) Groß gemusterte Hawaiihemden werden gerne am Sonntag zum Hochamt in der Kirche zusammen mit Bermudas und Badelatschen genommen.

D) Das lässige Casual-Hemd eignet sich besonders für die große Benefizgala.

E) _____

_____

_____

_____

_____

Warum trägt ein Gentleman immer zwei Stofftaschentücher bei sich?

A) Damit er im Restaurant die Knochen für sein Hündchen unauffällig einpacken und in der Jackentasche verschwinden lassen kann.

B) Weil ein Stofftuch beim Schweißabwischen keine Fusseln im Bart hinterlässt.

C) Weil die Gelegenheit, einer Dame die Tränen mit einem Stofftuch zu trocknen, immer dann kommt, wenn man sie am wenigsten erwartet.

D) Weil sich im Fall eines verlorenen Hutes mit vier Knötchen in allen Ecken ein wirkungsvoller Sonnenschutz daraus herstellen lässt.

E) Weil sich die Perlen der zerrissenen Kette der Dame darin sammeln und nach Hause bringen lassen.

F) _____

_____

_____

_____

_____

VOM

GUTEN

ESSEN

Zum Abendbrot

In den 80er-Jahren verbrachten wir durchschnittlich 33 Minuten beim gemeinsamen Essen am Tisch. Das entspricht einem Drittel Tatort oder einer halben Folge des perfekten Dinners. Heute ertragen wir es gerade einmal 14 Minuten täglich miteinander. Das ist nicht mal die Zeiteinheit einer Tagesschau. In meiner Kindheit war das gemeinsame Abendessen mit der Familie Höhe- und Endpunkt des Tages. Ich gebe zu, das ist lange her. Als ich vor Kurzem darüber nachdachte, kam es mir vor wie eine Erinnerung aus einem anderen Jahrtausend. Dann realisierte ich: Es ist eine Erinnerung aus einem anderen Jahrtausend.

Ich habe in meinem Leben an Hunderten Banketts oder Diners teilgenommen, bei denen Köche, Speisen und Nachtschattengewächse aus aller Herren Länder eingeflogen wurden. Spitzenköche und Nahrungsexperimenteure, die gekonnt mit den allerkleinsten dubios-unwirklichen Zutaten wie Säuren, Pülverchen in den merkwürdigsten Farben und Aromen auf gigantomanisch anmutenden Tellern herumhantierten. Aber wenn ich darüber sinniere, was die schönsten Erinnerungen sind, dann fallen mir zuerst die Abendbrote mit meinem Großvater, meiner Großmutter, meiner Tante und der lieben Nachbarin ein, die oben im Haus in einer Mansardenwohnung lebte, nebenbei mein Kindermädchen war und außerdem meinen Impfpass in ihrem Wohnzimmerbuffet verwahrte.

Diese besonderen Erlebnisse haben in meiner Seele Spuren hinterlassen. Geben Sie es ruhig zu, so viel Schnulze hätten Sie mir gar nicht zugetraut.

Kein Vater möchte, dass seinem Kind wenn es später an ihn denkt, einfällt, wie er abends ein Stück Tiefkühlpizza auf den Wohnzimmertisch stellte, welches das Kind vor dem Fernseher hinunterschlang, um noch irgendetwas zu essen, bevor es ins Bett ging.

Wohl jeder würde besser schlafen, wenn es ihm gelänge, seinem Kind ein bisschen von der Behutsamkeit und der Aufmerksamkeit zu vermitteln, wie zum Beispiel ich es als Wertschätzung für meine kleine Person von meiner Großmutter erfahren habe. Und wenn ich jetzt an den Duft des Bauernbrotes denke und daran, welche Mühe sie sich gab, wenn sie die Scheiben dick mit Butter bestrich und mir dann gab, dann scheint mir die Rekultivierung der Abendbrotkultur die ideale Lösung zu sein.

In vielen Familien besteht das erste Problem schon darin, dass zur eigentlichen Essenszeit nur der Hund, der bereits artig den Briefkasten geleert hat, zu Hause ist. Der Rest der Familie trudelt erst ab halb sieben nach und nach ein, zuallerletzt meist der Vater, und wenn alle anderen schon schlafen, nimmt schließlich auch er vor dem offenen Kühlschrank stehend sein Abendbrot ein. Muss das wirklich sein? Nein! Bestimmen Sie einen

Abend, an dem Sie sich mit Ihren Liebsten am Esstisch versammeln.

Sie haben nicht mal einen Esstisch? Dann kaufen Sie sich einen. Fehlende Tische und zu wenig Platz gelten nicht als Ausrede. Räumen Sie den Heimtrainer in den Keller. Wann haben Sie ihn das letzte Mal verwendet? Und für Ihre Funktionsunterwäsche und Designerzwirns haben Sie doch im Keller die Wäscheleine oder das Föhnkabel.

Wenn Sie bei dem Gedanken an die Sache schon Schweißausbrüche bekommen, weil Sie nicht wissen, wo Sie das Stündchen abzwacken sollen bei all den Klavierstunden, Kegelabenden, Trainingsstunden, Töpferkursen, den Hausaufgaben der Kinder und der Arbeit, die Sie sich aus dem Büro nach Hause mitnehmen, dann schreiben Sie doch einfach »Elternabend« in den Kalender. Der beginnt um 19 Uhr, und da sind Sie doch auch immer pünktlich. Versuchen Sie es zunächst mit einem festen Essen im Monat. Sehen Sie es als Trainingsplan. Im Laufe der Zeit werden wir uns steigern, und irgendwann werden Sie merken: Es tut überhaupt nicht weh. Im Gegenteil. Sie werden sich fragen, wie Sie all die Jahre auf dieses einstmals bindungsaufbauende Element in Ihrem Tagesablauf verzichten konnten. Sollte das Abendessen irgendwann einmal ungeplant ausfallen, werden Sie sich fragen, was Sie früher mit all der Zeit angestellt haben.

Essen Sie in regelmäßigen Abständen Brot. Roggen macht schön, schlank und sexy.

Wahrscheinlich den Thermomix bewundert oder Nudeln sortiert.

Wie aber läuft ein gelungenes Abendessen ab?

Informieren Sie sich auf jeden Fall im Vorfeld bei Ihren Familienmitgliedern nach eventuell bestehenden Allergien und Unverträglichkeiten. Sie werden staunen, was da in den letzten Jahren so alles in diesem Bereich zusammengekommen ist. Das harmlose Sodbrennen nach dem Verzehr von Sauerkraut ist längst nicht mehr das Einzige an Beschwerden. Heute bekommen die Menschen von Butter Bauchschmerzen, von Milch Magenkrämpfe und von Aprikosen schlimme Atemnot. Sogar die Farbe der Eierlöffel kann problematisch sein. Wenn das alles in salamitaktischer Manier geklärt ist, tätigen Sie entsprechend Ihre Einkäufe. Passen Sie auf, dass Sie nicht aus alter Gewohnheit abgepackten Scheiblettenkäse, blassrosa Hinterschinken oder verschweißte Tomatenpackungen aus dem Discounter in den Einkaufswagen werfen.

Versuchen Sie es stattdessen mal mit Rosmarinschinken aus der Emilia-Romagna, französischer Sauerrahmbutter und Hibiskus-Sellerie-Ciabatta. Offerieren Sie Ihrer Familie und Ihren Liebsten kulinarische Leckereien. Mit einer einfachen Regel können Sie sich aber viel Zeit und Vorbereitung sparen: Es wird gegessen, was auf den Tisch kommt.

Kiss the cook.

Überlegen Sie genau, wen Sie bei Ihrem Abendessen dabeihaben wollen, denn Lust auf Essen braucht Genossen, die wir schätzen. Geben Sie Ihrer Familie, Ihren Freunden und Nachbarn die Chance, daran teilzuhaben. Legen Sie das geplante Abendessen ruhig auf einen Abend, an dem der Kirchenchor, in dem Ihre Schwiegermutter den ersten Sopran singt, probt und Donald Trump der Welt mitteilt, wie echt sein Haar ist.

Wenn Sie also einen Termin gefunden haben, wissen, was Sie Ihren Gästen kredenzen werden, und die nötigen Vorbereitungen getroffen sind, geht es zu Tisch. Sehr wichtig: Behandeln Sie Ihre Kinder wie Freunde, schätzen Sie ihr Erscheinen wert. Verdeutlichen Sie ihnen das, indem Sie ihnen eine Aufgabe übertragen. Lassen Sie die Kinder den Tisch decken, aber helfen Sie ihnen dabei. Gestalten Sie gemeinsam den Tisch und machen Sie sich die Mühe, Ihren Liebsten mit Kerzen und Blumen die Atmosphäre zu versüßen. Der Abendbrottisch soll strahlen. Von der Tischdecke und Servietten aus Stoff bis zu den Köstlichkeiten, die Sie sorgfältig und handverlesen ausgesucht haben.

Über die Speisen am gedeckten Tische lässt es sich auch sogleich wunderbar reden. Erzählen Sie, wie Sie das Nussbrot gebacken haben, und fragen Sie alle Familienmitglieder und Gäste, ob es ihnen geschmeckt hat. Ist natürlich auch eine Frage der persönlichen Eitelkeit. Wenn Ihnen die Antworten nicht deutlich genug waren, einfach noch mal nachfragen. Damit lösen Sie gleichzeitig ein anderes Problem. Nichts ist schlimmer als diese unerträgliche »Wortlosigkeit« bei einem Essen, die jeder von uns kennt und die niemand leiden mag. Das Abendessen soll keine lustlose Pflicht sein, sondern ein Erlebnis. Besonders für die Kinder. Machen Sie es allen leicht. Erzählen Sie einen Witz, am besten einen bewährten, den Sie schon einmal erzählt haben. Viel-

leicht einen, den Sie noch von Ihren Eltern kennen, einen für Zwölfjährige, da sind Sie auf der sicheren Seite.

Wünsche sollen offen geäußert werden. Sie werden sich wundern, wie kreativ Ihre Familie beim abendlichen Philosophieren über Meerrettich-Dips werden kann, wenn Sie nur eine Kleinigkeit der vertrauten Ingredienzien verändern. Fügen Sie etwas Salz hinzu. Doch halt! Bevor zu Gabel und Messer gegriffen werden kann oder einer schon das erste Würstchen mit süß-saurem Senf bestreicht, müssen ein paar grundlegende Tischrituale geklärt werden.

In Zeiten der Schnelllebigkeit, der Sozialen Medien und der, wie ich es nenne, Suche nach der großen Zerstreuung, tun wir gut daran, uns wenigstens an ein kultiviertes und ritualisiertes Verhalten beim gemeinsamen Essen zu halten. Dadurch wertschätzen wir nicht nur das Erlebnis, sondern haben auch mehr Spaß an der Nahrungsaufnahme. Haben Sie nicht auch das Gefühl, dass Sie zum Beispiel ein liebevoll zubereitetes Frühstück glücklicher macht? Der ein oder andere mag kichern, aber das Thema liegt mir am Herzen. Die Zutaten hierfür müssen so köstlich sein, dass man sie sich am Vorabend schon als Maske aufs Gesicht legen möchte.

Legen Sie Rituale fest, um der Verslumung der Tischkultur entgegenzuwirken. Also, legen wir mal los.

An erster Stelle sollte das Händewaschen stehen. Waschen Sie sich gemeinsam die Hände, am besten am gleichen Waschbecken. Lustige Sache. Damit stellen Sie schon vor dem Essen Nähe und Gemeinsamkeit her. Natürlich kann man sich auch gegenseitig die Fingerchen einseifen.

Schalten Sie den Fernseher aus. Das ist nicht verhandelbar. Außer zur WM, da dürfen Sie gerne ein Halbzeit-Buffet in der Küche bereithalten. Wenn Sie die Glotze für Vorbereitungen in die Küche gestellt haben, weil Sie einen längeren virtuellen Plausch mit Alfons Schuhbeck über den Einsatz von Granatapfelkernen hatten, bringen Sie ihn zurück ins Wohnzimmer. Subito. Der Austausch sollte zwischen Ihnen und Ihren Gästen stattfinden. Um ein Gespräch in Gang zu bringen, fragen Sie die Kinder, wie es in der Schule war. Das kann heiter werden.

Eine wichtige Regel bei Tisch: Konzentrieren Sie sich auf das, was auf Ihrem Teller liegt. Aber haben Sie auch immer im Blick, was auf anderen Tellern passiert. Animieren Sie, sich zu bedienen.

Gehen Sie mit gutem Beispiel voran. Schmieren Sie Ihr Brot nicht lieblos oder nebenbei. Bringen Sie zum Ausdruck, dass es Ihnen schmeckt. Das sollte es auch, Sie haben es ja zubereitet! Und fragen Sie, ob es den anderen auch so gut schmeckt. Bitte, denken Sie an die Tischmanieren. Man knabbert keine Käserinden ab, schleckt nicht am Messer herum und tunkt auch kein Wurstbrot vor dem Abbeißen in den Tee. Das sieht unappetitlich aus. Außerdem schmeckt es abscheulich und verteilt je nach ungeschickter Motorik Flecken auf das schöne Tischtuch. Tunken Sie das Wurstbrot besser ins Senfglas.

Das Essen ist eine Freude und keine Verpflichtung. Ein ziemlich antiquierter Brauch ist das Tischgebet. Es ist uns gänzlich fremd geworden, doch mir ist es in jüngster Zeit in England und

Bestehen Sie auf feste Zeiten für das Abendbrot. Bleiben Sie hartnäckig. Wenn Sie nur lange genug warten, wird auch Ihr Sohn aus dem Keller kommen.

den USA überraschenderweise wieder begegnet. Keine Sorge, ich werde nicht pastoral, und Sie müssen sich nun auch nicht vor jedem Mahl beim lieben Gott für Speis und Trank bedanken, doch es kann sehr besinnlich sein, sich vor dem Essen einen Moment zu sammeln und ein wenig dankbar für und glücklich über den Augenblick zu sein.

Werden Sie sich der Antizipation vor dem Essen bewusst und lassen Sie den Speisen eine besondere Würdigung zukommen. Damit sind alle gemeint. Sie werden sich nun nicht alle an der Hand nehmen müssen. Wem Sie Ihren Dank aussprechen, sei es Jesus, Mohammed, der Partei oder Twitter, ist nicht weiter wichtig, doch zur allgemeinen Entviehung unseres angenommenen Verhaltens bei Tisch tut so ein Moment der Ruhe und Aufmerksamkeit allen gut und nimmt niemandem die Butter vom Brot!

Dann kann endlich gegessen werden. Sie können dem vollen Genuss Ihrer drei Sorten Schinken, mild gereift, luftgetrocknet vom original Simmertaler Schwein aus deutschen Landen, frönen und um die vegetarische Frikadelle einen Bogen schlagen und sich dabei fragen, warum Sie erst jetzt angefangen haben, gemeinschaftlich in Ruhe zu genießen.

Eine Prise Salz auf das in dünne Scheiben geschnittene Ei, eine Spreewaldgurke zur Wurst. Die Gesprächsthemen werden sich automatisch ergeben.

Spüren Sie schon, wie Sie sich besser fühlen, obwohl noch nicht einmal Weihnachten ist?

So ein gemeinsames Essen, glauben Sie es mir, ist eine große Macht. Die wichtigsten Entscheidungen werden bei einem guten Essen getroffen. Charles de Gaulle und Konrad Adenauer vereinbarten einen Meilenstein der Europäischen Union, den Elysée-Vertrag, beim Essen. Das Ende des 30-jährigen Krieges wurde mit einem Friedensbankett gefeiert, und die Niederländer beendeten ihren 80 Jahre währenden Krieg gegen die Spanier mit einer Schützenmahlzeit. Sie sehen also: Eine Tischgemeinschaft gilt seit Jahrtausenden als Einverständnis, mit oder ohne Melonenbowle.

Kinder, die regelmäßig gemeinsame Mahlzeiten mit der Familie essen, bei denen ihnen Aufmerksamkeit und Gehör geschenkt wird, entwickeln sich anders als jene, denen diese wertvollen Momente vorenthalten werden. Zappelige Motorik und Ritalin sind leider oft die Folge.

Sagen Sie sich also los von Singlepackungen, Dosensuppen und Fertiglasagne. Beginnen Sie mit den regelmäßigen Treffen zum Abendessen, halten Sie sich an bewährte, manchmal altmodisch anmutende Rituale, und Sie werden merken, wie viel Spaß es machen kann, sich auf die einfachen Dinge zurückzubesinnen.

Es sind nicht nur die unerkennbaren Haute-Cuisine-Experimente oder die solitären Abende vor dem Fernseher mit Tiefkühlpizza, an die man sich erinnert. Wer jemals an einer großen Tafel in Italien oder Spanien saß, wird wissen, was ich meine. Von den unzähligen Essen bleiben schließlich auch mir die Erinnerungen an diese Abendbrote bei meinem Großvater am besten im Gedächtnis. Als wäre es gestern gewesen, höre ich die Geräusche vor dem Küchenfenster, das klappernde Messer auf dem alten Rosenthal-Teller, das Lachen meiner Tante Brandl und ich schmecke noch den Lachsersatz, den mein Großvater aus dem kleinen rundlichen Gläschen herausholte und mit mir teilte.

Fangen Sie an! Auch Sie haben mindestens 33 Minuten »Tatortzeit«, bei Tisch zusammenzukommen, und bevor Sie sichs versehen, werden Ihre Kinder fragen: »Wann machen wir das noch mal?«

Versprochen!

> **Der Cohnrat**
> Es ist nicht wichtig, was du isst, wichtig ist, mit wem du
> isst. Und solltest du mal allein sein, dann sei dein eigener
> Gastgeber, schenk dir einen schönen und stilvollen Abend,
> schließlich, was würdest du ohne dich tun?

Von Tischdekorationen und guten Manieren

Die Kultur bei Tisch hat viel mit Sehnsucht und Heimat zu tun. Meine Tante Wilhelmine würde sich freuen, wie sehr ich mir ihre Ansichten, die früher an meiner seelischen Teflonbeschichtung abglitten, inzwischen zu eigen gemacht habe. Die abgebrühtesten Kerle fahren einen emotionalen Schlingerkurs, wenn sie den Geruch von Omas Krautwickeln in der Nase haben. Und neulich habe ich einen deutschen Mallorca-Rentner im Fernsehen heulen sehen, weil er sich nach nichts mehr sehnte als nach einer Currywurst an einem nasskalten Novembertag in Duisburg. Der Gedanke an eine »Eitrige mit Buggl und 16er Blech« – für Nichtwiener: eine gegrillte Käsekrainer mit Brot und Bier aus Ottakring – am Würstelstand hinter der Oper, wo ich sie schon neben José Carreras essen durfte, löst bei mir unkontrollierbare Reaktionen der Sehnsucht aus.

Egal wo ich mich gerade aufhalte, überkommen mich beim Essen Erinnerungen. Hab ich schon erwähnt, dass ich selbst auch viel heule?

Auf der Agenda vieler junger Leute steht meist kein prachtvolles Essen, geschweige denn die Vorbereitung desselben. Nahrungsaufnahme findet unter dem Slogan »Ich liebe es« statt und sollte möglichst wenig Zeit in Anspruch nehmen. Auch auf die Gefahr hin, mit meiner Meinung altmodisch wie ein Muff aus den 20er-Jahren des 19. Jahrhunderts zu sein, ja, ich bin darüber traurig. Vielleicht ist aber auch nur das Erreichen eines gewissen Alters vonnöten, um dem Mahl Wonne, Vergnügen und Genuss abzugewinnen. Schließlich heißt es: Essen sei der Sex des Alters. Und das kann ganz bestimmt nicht schlecht sein,.

Beim Thema »Tischsitten«, könnte man jedenfalls meinen, sind uns die Asiaten um Brustlängen voraus. Sie scheinen es einfacher zu haben, kommen sie doch mit nichts außer einer Schale und zwei Stäbchen sehr gut zurecht und stören sich auch nicht daran, Speisen schlürfenderweise zu sich zu nehmen. Unterteilungen in Vor-, Haupt- und Nachspeise, für die man das jeweilige Besteck bräuchte, gibt es nicht. Die Stäbchen sind universell einsetzbar. Asiatische Tische sind meist sehr liebevoll und ansprechend dekoriert, erinnern an kleine, bunte, lustige Puzzlebilder. Schälchen, wohin das Auge blickt. Je mehr, desto festlicher der Anlass. Ein Menü muss nicht geplant werden, da eh alles gleichzeitig gegessen wird. Nur eines dürfen Sie an einem asiatischen Tisch keinesfalls tun: die Stäbchen in den Reis stecken. Das wäre ein böses Omen und würde Ihnen sehr übel genommen.

In unserem Teil der Welt ist es schon etwas komplizierter, einen Tisch mit Wow-Effekt zu decken. Das Heimtückische ist, dass je nach Mahlzeit immer wieder bis dahin unbekannte Utensilien auftauchen, die nicht fehlen dürfen. Wer glaubt, dass Äquivalent zu Stäbchen seinen Gabel und Messer, hat weit gefehlt.

Werfen wir einfach ein kritisches Auge auf die Tafel: Nicht fehlen darf eine tief hängende, einfarbige Damasttischdecke in gebrochenem Weiß, korrekt gemangelt in der Wäscherei Ihres Vertrauens. Perfekt ist, wenn man Ihre Hax'n überhaupt nicht mehr sehen kann.

Das Service sollte passendes Geschirr für die Anzahl an Gästen enthalten, es gibt nichts Schlimmeres als einen Ikea-Teller zwischen edlem Porzellan. Meine Patentante Wilhelmine hat mir vor ewigen Zeiten ein wunderbares achtzehnteiliges Rosenthal-Service geschenkt, welches sie wie ein Schäferhund über mehrere Umzüge und zwei Weltkriege hütete und welches während meiner Ehe sicher eingelagert war. Ich darf mal ein wenig angeben: Es handelt sich um das Rosenthal »Monbijou«, welches man wohl, wie sie zu jeder passenden und unpassenden Gelegenheit betonte, nur bis Anfang des 20. Jahrhunderts produziert hat. Sie müssten mich mal sehen, wie grazil ich damit hantiere und wie überaus feinfühlig ich es nach einem erfolgreichen Mahl spüle, ach, was sag ich, bade, und sodann mit einem Leinentücherl feinsäuberlich poliere.

Zu guter Letzt kommt die Blumendekoration. Da können Sie hemmungslos Ihre weibliche Seite rauslassen. Die Höhe der Vasen und Blumen sollte so selektiert werden, dass sie nicht wie Bollwerke die Sicht auf das Gegenüber blockieren. Bitte auch auf

den Duft der einzelnen Gewächse achten. Sie wollen ja nicht, dass irgendwer in Ohnmacht fällt (und dabei das Damasttischtuch in die Tiefe mitreißt). Riechfläschchen hat man heutzutage eher selten zur Hand. Daher bitte keine Lilien.

Überlegen Sie vor dem Eindecken Ihres Tisches, mit wie vielen Gängen Sie Ihre Gäste traktieren wollen. Danach richten sich, hallo, wer hätte es gedacht, die Menge der Teller und die Anordnung des guten Silbers oder, Gott behüte, der Bestecksammlung eines bekannten schwedischen Möbelhauses.

Besorgen Sie sich bitte weiße Handschuhe, um beim Eindecken keine Fingerabdrücke zu hinterlassen. Sonst versauen Sie sich noch die ganze Stimmung, wenn am Ende nicht alles perfekt ist. Bitte ziehen Sie diese Dinger aus, bevor die Gäste kommen. Später können Sie sie dann wieder anziehen, zum Beispiel für ein nächtliches Hand-Spa.

Die meisten Tischtücher haben pfeilgrad in der Mitte einen anklagenden Knick, der nach Möglichkeit gebügelt oder gedämpft werden sollte. Wenn Sie das nervt, werfen Sie einfach einen eleganten, farblich abgestimmten Läufer drüber (die gibt's variantenreich bei der Ausstattungsmafia).

Decken Sie immer von innen nach außen und lassen Sie sich nichts anderes erzählen. Messer rechts mit der Klinge nach innen, Gabel links, mit den Spitzen nach oben, wohlgestaltet und

synchron zueinander, Teelöffel an der Kopfseite der Teller. Die Anordnung des Bestecks verrät Ihnen auch die Reihenfolge seiner Verwendung: Arbeiten Sie sich beim Essen von außen nach innen vor. Messer, Gabel und Löffel, die am dichtesten am Porzellan liegen, kommen zuletzt an die Reihe. Rotwein-, Weißwein- und Wassergläser werden wie Soldaten oberhalb der Messer angeordnet. Immer in der Reihenfolge, in der sie benutzt werden. Und damit keine Missverständnisse aufkommen: Wasser kommt in die größeren Gläser. Auch wenn man versucht ist, den Durst dann gleich aus der Blumenvase zu stillen. Wein kommt in die kleineren Gläser, denn daran darf man zierlich nippen.

Neben den Teller kommen Porzellan-Ableger für das Besteck, weil man ansonsten das edle Tuch mit Soßenflecken und anderem Unerfreulichen versaut. Stoffservietten, meine Herrschaften! Nichts anderes. Platziert werden diese neben der linken Besteckreihe. Wenn Sie sich verkünsteln möchten und über den Luxus endloser Zeit verfügen, können Sie die Serviette auch zu Lilien oder Schwänen falten.

Sollten Sie es mit der Tafelkultur noch genauer nehmen, dann messen Sie die Abstände zwischen Geschirr und Besteck. Wenn Sie nicht wollen, dass sich Ihre Gäste ständig die Ellenbogen in die Rippen hauen, empfiehlt sich eine Gedeckbreite von etwa 70–75 cm, gemessen von Tellermitte zu Tellermitte. Und falls Sie es

wirklich mal richtig übertreiben wollen, dann berechnen Sie noch die genaue Mitte des Tisches und platzieren dort einen imposanten Silberleuchter oder ein kostbares Windlicht aus Kristall.

Verwenden Sie auf jeden Fall immer Platzteller, nur nicht für Hirsche. Von denen wird aber selbstverständlich nicht gespeist. Achten Sie darauf, dass diese mindestens 1 cm von der Tischkante entfernt stehen, sonst steht Ihr Dinner gleich von Anfang an auf der Kippe.

Auch Tischkärtchen machen ordentlich was her. Sie sollten aus selbstgeschöpftem Papier oder eigens geflextem Metall bestehen und liebevoll bemalt sein. Da können Sie mal zeigen, was Sie so draufhaben. Können Sie anschließend auch bei Pinterest hochladen. Oder kaufen Sie einfach welche. Geht auch. Ex-Ehepaare nach Möglichkeit nicht nebeneinander platzieren. Ansonsten gilt die Regel »bunte Reihe«. Heutzutage ist beim Essen keine steife Etikette mehr vonnöten, bei der man für einen bestimmten Anlass miteinander harmonierende Gäste nach Stellung, Alter oder Geschlecht platziert. Klingt sehr anstrengend, und war es sicher auch.

Auf der Cohnschen Getränkekarte steht neben dem guten alten Senator, dem Weinbrand meines Herzens, seit einiger Zeit auch folgendes Erzeugnis: der Bullenschluck. Das ist ein hochkonzentriertes Restitutionsfluid zur äußerlichen Behandlung

von Sehnen- und Gelenkproblemen bei Nutztieren. Empfiehlt sich nicht nur für Rinder und Zugochsen. Der Bitterlikör ist auch zur »innerlichen Einreibung« ausgesprochen geeignet. So steht's auf der Flasche, ehrlich.

Wenn dann der Tisch perfekt gedeckt ist und alle Gäste Platz genommen haben, kommen Sie um ein Thema nicht herum: die Tischmanieren. Egal ob als Gastgeber, bei einer Einladung im Freundeskreis oder beim Geschäftsessen mit Leuten, die für Sie irgendwann hilfreich sein könnten, mit gepflegten Tischmanieren können Sie immer Eindruck schinden. Gestatten Sie mir daher, einige Worte darüber zu verlieren.

Eine wichtige Grundregel ist unumstößlich und nicht verhandelbar: Seien Sie pünktlich! Das bedeutet: Erscheinen Sie etliche, wirklich etliche Minuten vor der angegebenen Essenszeit, damit Sie in Ruhe ablegen, die Gastgeber gebührend begrüßen und den anderen Gästen mit zeitlichem Vorlauf vorgestellt werden können. Je früher Sie kommen, desto mehr Heimvorteil haben Sie, denn die nach Ihnen eintreffenden Gäste dürfen sich zu Ihnen hocharbeiten. Bewundern Sie freundlich die Platzordnung, die von den Gastgebern sicher mit großer Sorgfalt überlegt wurde. Sollten Sie zu Scherzen aufgelegt sein, dürfen Sie auch mal ein, zwei Tischkärtchen miteinander vertauschen (zum Beispiel Ex-Ehepartner nebeneinander setzen). Beobachten Sie dann ge-

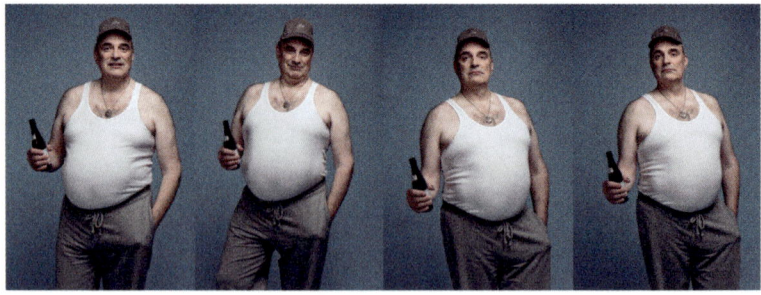

nüsslich, wie die Gesichtszüge der Anwesenden entgleisen und welch raffinierte Manöver die Beteiligten anstrengen, um das Dinner noch zu retten. Überlegen Sie sich jedoch vorher eine geeignete Exit-Strategie, sollte das Essen entgleisen. Ansonsten genießen Sie den entspannt vor sich hin plätschernden Abend, den Sie glänzend zur Selbstdarstellung nutzen können, und gehen Sie nicht nur gestärkt an Leib, sondern auch an Ego nach Hause.

Nun denn, einige Spielregeln gibt es aber doch, an die sich seit Jahrzehnten alle halten, denn wenn man zusammen speist, setzt man sich immer den Blicken der anderen aus, betritt also eine gemeinsame Bühne. Was Sie allein zu Hause so vor sich hin schmatzen und rumkrümeln, das geht höchstens Ihrer Katze auf die Nerven.

Fallen Sie aber außer Haus durch schäbig-schlechtes Benehmen auf, kann das für Ihre Mitesser (nein, nicht die auf der Nase) in eine optische und akustische Qual ausarten, und den erhofften Support irgendeines Mäzens können Sie sich dann getrost ans Bein Streichen.

Bedenken sollten Sie auch, dass manche Menschen nicht frei von Neurosen sind. Ein befreundeter Lehrer zum Beispiel verließ unlängst eine Abendgesellschaft, da er die Kaugeräusche seines Nebenmannes nicht ertragen konnte. Schon lange Zeit wurde er von der Vorstellung verfolgt, er müsse den Ötzi essen. Jenes Ge-

Achten Sie stets auf Ihre Haltung bei Tisch.
Gepflegte Esskultur fängt beim Benehmen an.

fühl wurde bei ihm häufig von den Kaugeräuschen hervorgerufen. Um bei so vielen Bedenken nicht zum notorischen Bedenkenträger zu werden, sollten Sie diese leider wahre Anekdote so schnell wie möglich wieder vergessen. Oder sind Sie Lehrer?

Daher ein kurzer Blick auf die Tischsitten anderer Völker: Skurril und heiter zu erwähnen, dass es beispielsweise im Lande Maos zum guten Ton, im wahrsten Sinne, gehört, mit Schmatzen, Rülpsen und Schlürfen die Gastgeber wissen zu lassen, wie überaus delikat das Essen schmeckt. Und wenn man den Koch darüber hinaus besonders belobigen will, schickt man einen fabelhaften Einzelkämpferrülpser hinterher. Den lassen wir in unserem Kulturkreis lieber (im Halse) stecken.

Zur Ouvertüre an der Tafel noch ein paar praktische Tipps: Legen Sie bitte weder Handy, Zigaretten, Zigarren noch Autoschlüssel auf den liebevoll gedeckten Tisch. Das sieht nach einem kurzen Stopp beim Stehitaliener aus und ist nur eine gute Idee, wenn man neben Ihnen ein Kleinkind platziert hat. Ein Schlüsselbund, der richtig schön klimpert, ist ein gefundenes Fressen für die Lütten im Maxi-Cosi.

Seien Sie locker und entspannt. Im Normalfall ist allen in der Runde zu Beginn etwas mulmig zumute, weil man mit den wenigsten gemeinsame Erlebnisse teilt. Die ersten Minuten überbrückt man am besten mit einem liebenswerten Lächeln und beschwingter Gelassenheit und wartet ganz gemütlich ab, bis die Gastgeber ebenfalls Platz genommen haben.

Natürlich weiß ich, dass Sie alle eine fabelhafte Erziehung genossen haben, sich tadellos bei Tisch zu benehmen wissen und meine Ratschläge eigentlich nicht brauchen, trotzdem bekommen Sie hier ein paar Richtschnürchen, nein Richttaue, die zur Hand zu haben immer nützlich sind:

Legen Sie Ihre Serviette (rein vorsorglich) mit elegantem Schwung auf Ihren Schoß. Bevor Sie Ihrem Getränk zusprechen, warten, bis jedem Gast eingeschenkt wurde. Dann können die Spiele beginnen.

Da wir uns nicht in Korea befinden, müssen Sie nicht ausharren, bis der oder die Älteste am Tisch in den Brotkorb greift und damit den Startschuss gibt. Davon abgesehen, dass man heutzutage gar nicht mehr klar zuordnen könnte, wer das denn wäre, ohne sich in der Fettwanne zu wälzen. Seit vor einigen Jahren der Botox-Wahn ausgebrochen ist und Lippenimplantate in Schlauchbootgröße an der Tagesordnung sind, ist es hilfreich, solche Sitte zu ignorieren. Sollten Sie in angriffslustiger Stimmung sein, erlauben Sie sich die Frage: »Hatten Sie einen Unfall?« Rechnen Sie mit dem Schlimmsten oder mit Unverständnis. Wie die das in Korea ohne Stress machen, keine Ahnung.

Als Herr beginnen Sie immer als Erstes mit der Dame rechts von Ihnen ein Gespräch. Elegant das Würzsalz anreichen oder freundlich das Weinglas nachfüllen kommt gut, selbstredend nachdem Sie zuvor schicklicherweise um Erlaubnis gefragt haben. Könnte ja sein, dass Ihrer Tischnachbarin zur Rechten der Tropfen gar nicht mundet. Konkurrieren Sie keinesfalls mit dem Herrn neben der Dame. Das ist unlauterer Wettbewerb. Natürlich alles unter der Voraussetzung, dass da überhaupt eine Dame

sitzt. Es ist auch nicht wirklich geschickt, bei Tisch schwere Sujets anzuschlagen, in denen Sie brillieren, nur weil Sie sich kurz zuvor über den Gegenstand Ihres Vortrags ein lexikales Spezialwissen angeeignet haben.

Ganz wichtig ist, dass Sie darauf achten, bei den einzelnen Gängen nicht ins Hintertreffen zu geraten. Sollten Sie sich während des Essens verplaudert haben, dann bitte zügig aufholen. So vermeiden Sie, dass alle auf Sie warten müssen. Ein Zustand, der mir persönlich eher selten passiert, auch wenn man mir gerne unterstellt, ein Fresssack und eine Quasselstrippe zu sein. Wippen Sie unter dem Tisch nicht nervös mit Ihren Beinen und treten Sie Ihrem Gegenüber weder aufs Schuhwerk noch ans Schienbein. Das könnte nach einem Komplott aussehen. Der Mensch muss Haltung bewahren.

Bitte führen Sie generell Löffel oder Gabel zum Mund. Niemals umgekehrt, es sei denn, Sie haben einen veritablen Bandscheibenschaden im Gepäck.

Das übliche Beilagenbrot bitte ausschließlich brechen. Bloß nicht abbeißen oder zur Stulle, die hemmungslos beschmiert wird, degradieren. Die einzige Ausnahme: Pizza und Knoblauchbaguette, beide dürfen graziös in die Fingerchen genommen werden. Und bröseln Sie um Himmels willen das Brot nicht in die Suppe oder saugen Soßen damit auf. Allenfalls in einem Land-

gasthaus können Sie das mit dem Rest Ihres Szegediner Gulaschs veranstalten. Und in einer italienischen Trattoria, in der man den Sugo, weil er so wunderbar schmeckt, wirklich nicht übriglassen darf, und natürlich im Orient, wo Fladenbrot Besteck ist. Sonst aber nirgends, bitte!

Tupfen Sie sich immer mit der Serviette den Mund ab, bevor Sie zu Ihrem Glas greifen. Tupfen Sie auch sonst zwischendurch, weil es unnachahmlich elegant aussieht. Aber auf keinen Fall mit der Serviette Besteck oder Soßentüpfelchen vom Tellerrand abwischen. Oder gar den Rand Ihres Weinglases, wir sind ja nicht beim Gottesdienst, auch wenn das Essen gelegentlich göttlich ist.

Nehmen Sie den Mund bitte nicht zu voll, schon gar nicht bei der Suppe, die meist sehr heiß serviert wird. Sie sehen sonst aus, als hätten Sie die letzten zwei Wochen große Entbehrungen erlebt, und sind zusätzlich nicht in der Lage, anständig Konversation zu betreiben. Denn wir wissen ja alle: Mit vollem Munde spricht man nicht. Für manch schwatzhaften Zeitgenossen ist das ein echtes Problem, kommt er so nie zum Essen. Stattdessen ist es angebracht, sich kleine, eher grazile Portionen zuzuführen, damit Sie jederzeit in der Lage sind, ohne zeitliche Verzögerung auf Fragen zu antworten, und seien sie noch so hohlköpfig oder stupide.

Falls die Suppe in einer Tasse serviert wird, lassen Sie auf keinen Fall den Löffel drin, sonst stechen Sie sich womöglich ein Auge aus, wenn Sie sie zum Mund führen. Vermeiden Sie, man kann es nicht oft genug einschärfen, Schmatz- und Schlürfgeräusche. Generell rate ich dazu, kredenzte Kartoffeln nicht gedankenlos mit der Gabel zu zerdrücken, als seien sie fiese kleine Ungeheuerchen, denen man den Garaus machen müsste. Im schlimmsten Falle signalisiert es, dass Ihnen die Art der Zuberei-

Teller ablecken ist erlaubt. Achten Sie jedoch darauf, dass niemand Sie sieht.

tung nicht zusagt und Sie auf sehr kindische Weise kundtun, Sie hätten lieber Püree gehabt.

Sollte sich während des Essens irgendein kleines Käseteilchen krampfhaft an Ihrer neuen Krone oder Brücke festhalten, oder sollten Ihre Beißer so geschaffen sein, dass sich zwischen Zähnen und Zahnfleisch kleine, heimtückische Fleischfaserchen festmachen, dann bitte erst mal die Klappe halten und keinesfalls mit den Fingern im offenen Mund bohren. Beim nächsten Gang zu den sanitären Anlagen kann man diese Fahnenflüchtigen in aller Ruhe entfernen. Bitte auf keinen Fall am Tisch. Entgegen landläufiger Meinung haben Zahnstocher auf einer Tafel nichts verloren. Sie stehen allenfalls unauffällig auf einem netten kleinen Möbelstück abseits des Geschehens.

Wenn ein Mahl beendet ist, steht in der Regel der Gastgeber oder die Gastgeberin auf und gibt so das Signal für die Aufhebung der Tafel. Man legt die benutzte Serviette lässig rechts vom Gedeck auf den Tisch. Sollten Sie noch Wein im Glas haben, bitte nicht eilig hinunterkippen, sondern mit Contenance stehen lassen. Der zwanglose Teil beginnt.

Vor hundert Jahren hätte nun das Personal auf einem Tablett Kaffee, Liköre, Zigarren und Zigaretten (Letzteres heute gar nicht mehr denkbar) in den anliegenden Gesellschaftsräumen serviert. Klingt doch irgendwie sexy.

Die Herren hätten sich vor ihren Tischnachbarinnen zur Rechten, zur Linken und gegenüber verbeugt, und der Gastgeber wäre gemessenen Ganges aus dem Esszimmer in besagte Gesellschaftsräume geschritten, gefolgt von einem Rattenschwanz an Gästen. Herrliches Bild. Da ich hoffnungslos verschwurbelt bin, würde ich das mit großem Entzücken wieder einführen, meine Vorbereitungen dazu laufen auf Hochtouren.

Eines darf ich Ihnen am Schluss noch mit auf den Weg geben:

Je persönlicher Sie Regeln handhaben, ohne dabei jemanden vor den Kopf zu stoßen, desto größer ist Ihre individuelle Freiheit. Die Kunst besteht darin, völlig ungekünstelt Manieren zu haben. Man sollte zwar nicht von sich selbst reden, aber Sie müssten mich mal bei Tische erleben: Ich bin, dank meiner Tante Wilhelmine, ein Regelfels in der Brandung, und meine Post, das muss ich einfach loswerden, sei sie handgeschriebener oder digitaler Natur, besteht weit über die Hälfte aus Einladungen, die ich in der Regel auch hemmungslos annehme.

Der Cohnrat

Wenn Sie mal keine Ahnung haben, wie Sie das Ihnen bei einem Empfang servierte Gericht essen sollen, blicken Sie vorsichtig nach links und nach rechts, und wenn Sie dort ebenfalls nur ratlose Gesichter sehen, dann ergreifen Sie beherzt Messer und Gabel und essen Sie drauflos. Man wird Sie für einen Experten von hohen Graden halten und Ihrem Beispiel folgen. Ihr Ruf als Stilikone ist Ihnen sicher.

Der Chef droht mit Hausbesuch

Keine Panik, tief Luft holen, wir schaffen das gemeinsam.

Der Firmenhäuptling will doch eigentlich nur einen unauffälligen Blick hinter »Ihre« Kulissen werfen, und das Spiel, das werden wir gewinnen!

Als Allererstes: Keinen Stress, bleiben Sie authentisch!

Nur für den Besuch des Obermackers neue Möbel kaufen und die Wohnung neu dekorieren – das merkt er! Lohnt sich also nicht. Deshalb, chillen Sie die Basis, bleiben Sie cool.

Gut, die Wohnung aufräumen, die Socken aus der Lampe nehmen, die herumliegende Wäsche einsammeln, waschen, trocknen und verräumen, staubsaugen und staubwischen, die Kinderspielzeuge ins Kinderzimmer packen usw.; das wird hier als selbstverständlich vorausgesetzt und braucht eigentlich keiner weiteren Erwähnung. Ein schöner frischer Blumenstrauß kann auch nicht schaden. Ach ja, und lüften Sie die Wohnung und das Treppenhaus bitte gründlich, der grausliche Kohlsuppengestank aus der Nachbarwohnung ist wirklich kein Willkommensgruß!

Der Babo, meist laden Chefs und Vorgesetzte sich ja so ganz nebenbei selbst ein, ist nur an dem Eindruck interessiert, wie Sie mit Stress in ungewohnten Situationen umgehen, also ob Sie alles im Griff haben. Niemand bewertet Ihren souveränen Umgang mit Topfpflanzen, Töpfen, Tiegeln, Ihrem Zwergkaninchen oder erwartet gar einen Alligator in der Badewanne. Und Ihre Geschirrauswahl wird auch nicht bepunktet. Allerdings lässt es unangenehme Rückschlüsse zu, wenn Sie für Getränke nur die alte Senfglassammlung auf den Tisch stellen. Der Chef-Honk würde wahrscheinlich skeptisch werden und Ihnen lange keine wirklich großen Aufgaben mehr zutrauen. Wollen Sie sich Ihre Karriere von Ihren Gläsern vermasseln lassen?! Hier also ein paar Basics: Gläser haben einen Stiel, damit man sie anfassen kann. Ohne Alkohol stößt man nicht an, man nickt sich zu. Weißwein: kleine Gläser; Rotwein: große Gläser. Und tun Sie nicht so, als würden Sie sich in Sachen Weingläser auskennen. Entweder Sie haben's drauf, dann haben Sie die richtigen Gläser, oder nicht, dann reicht dieses Wissen allemal. Besteck? Alles, was sich als Besteck einmal bewegt hat, wird nicht wieder auf den Tisch zu-

Auch wenn Ihnen am Tisch etwas komisch erscheint,
bewahren Sie stets Haltung.

rückgelegt, sondern bleibt auf dem Teller. Aperitif? Vergessen. Wird überschätzt. Brot? Wird gebrochen. Keine Stullen schmieren. Die Stücke werden einzeln gegessen.

Noch was: Sie sind kein Restaurant mit bezahltem Servicepersonal, ergo kann alles semiprofessionell sein. Also keine Sorge. Der Boss ist bei Ihnen zu Gast, um Sie persönlich und privat kennenzulernen, und nicht um Ihre Kochkünste oder Ihre Kennerschaft als Sommelier zu bewerten. Wenn er anderes erwartet, ist er nicht von dieser Welt und Sie sollten kündigen.

In diesem Sinne, genießen Sie diesen Abend und vor allem: Bewahren Sie Ruhe, zeigen Sie keine Angst oder Hektik und stellen Sie sich im Notfall einfach Ihren Kaziken in Unterhosen vor! Wobei ... also gut, vielleicht lieber doch nicht ...

Der einzig große Fehler ist also, sich zu übernehmen und von einem Schweißausbruch in den nächsten zu eiern. Gehen Sie niemals über Ihre Grenze. Dann wirkt alles souverän.

Damit Ihnen das gelingt, I'm at your side.

Gemeinsam machen wir jetzt nur Dinge, die Sie auch beherrschen.

Denn Sie sollten niemals den Anschein erwecken, Sie seien ein Poser oder ein Angeber!

Sind Sie Fischexperte – ergo gibt es Fisch. Sind Sie Weinexperte, zeigen Sie Ihr Wissen. Sind Sie ein Fleisch-Geflügel-Experte und haben es drauf, dann in jedem Falle ein »Coq au Vin«, nach dem sich alle die Finger ablecken. Und auch wenn Sie ein Dessertspezialist sind, bleiben Sie gemeinsam mit dem schönen Geschirr auf sicherem Terrain, das Sie bändigen können. Am Nachtisch sind schon ganze Legionen gescheitert.

Bleiben Sie bei allem aber immer vorsichtig, es könnte sein, dass Ihr Chef ein echter Kenner der Materie ist oder, was noch schlimmer wäre, dass er es gar nicht gut abkann, wenn Sie, als sein Untergebener, mehr wissen als er! Deshalb: Korrigieren Sie ihn nie! Selbst wenn er Château Lafite für ein französisches Kaufhaus hält und statt von Logik von Logistik spricht. Also, behutsame Schritte, vorsichtig ausloten.

Bitte, laufen Sie auch keinem überteuerten Weinhändler in die Falle, schon gar nicht im Internet. Schauen Sie sich in Ihrer Nähe um, probieren, degustieren Sie, lassen Sie sich beraten. Der Weinhändler will ja, dass Sie wiederkommen, er wird Ihnen deshalb einen guten Tropfen empfehlen. Kaufen Sie drei Flaschen (man weiß ja nie) eines ordentlichen Weines, zu einem vernünftigen Preis. Ein Château Lafite Rothschild schmeckt zwar fabelhaft, aber ist Ihnen Ihr Häuptling wirklich 3000 € pro Flasche wert? Steht das in Relation zu Ihrem Gehalt?

Die Tischdekoration: schlicht, weiß, ausschließlich frische Blumen, sortenrein sortiert. Keine Teelichter, die legen nach ihrer Brenndauer von vier Stunden den Aufbruch nahe. Auch wenn Sie das wollen, spüren lassen dürfen Sie das nicht. Innen verwenden Sie am besten einen Kerzenleuchter mit Wappen, so geben Sie einen dezenten Hinweis auf Ihren guten Stammbaum, draußen ein schickes Windlicht. Bleiben Sie aber einfach, so ist es perfekt.

Keine Dekorationsorgien oder Girlanden mit »Welcome« oder Ähnlichem, heben Sie sich das für Ihre Schwiegermutter auf. Sorgen Sie dafür, dass Sie Ihren Chef nicht allzu lange allein im Esszimmer warten lassen, er könnte sonst auf die Idee kommen, sich durch den Inhalt Ihres Sideboards zu wühlen.

Sind Ihre Kinder alt genug und kann man mit ihnen reden, dann sind sie eine Bereicherung bei Tisch, rechnen Sie aber immer damit: »Kindermund tut Wahrheit kund«, und das vorzugsweise in Situationen, in denen es besonders entlarvend und peinlich ist. Seien Sie also auf der Hut und schlagfertig.

Ob Sie wiederum Ihr Baby oder Kleinkind bei dieser Gelegenheit mit dabeihaben wollen – ich weiß es nicht. Das kann unter Umständen, im wahrsten Sinne des Wortes ganz grausam in die Hose gehen, vor allem wenn Ihr Gast selber keine Kinder hat. Zudem sind Babys hervorragende Aufmerksamkeitsmagneten, und Sie möchten Ihrem Chef doch nicht das Gefühl vermitteln, er stünde für Sie nicht im Mittelpunkt. Manchmal kann es auch sein, dass Chefchen ganz verrückt nach Kindern ist und Ihr Kleinster den ganzen Abend rettet. Verlassen Sie sich am besten auf Ihr Gefühl.

Was Ihr Benehmen bei Tisch betrifft, so sind Sie durch die Lektüre dieses Buches inzwischen eine strahlende Leuchte der guten Tischmanieren geworden und wissen, dass Sie sich weder die Essensreste aus hartnäckigen Zahnzwischenräumen mit der Gabel oder, Gott behüte, mit dem Nagel des kleinen Fingers herauspopeln noch sich in die Stoffserviette schnäuzen und diese auf gar keinen Fall am Ende des Gastmahls in den Bratensoßenrest auf Ihrem Teller werfen. Solches Benehmen würde Ihr Oberbonze zu Recht ablehnen und Sie als Mitarbeiter vermutlich recht zügig disqualifizieren.

Wenn Sie bereits im Vorfeld der übergestülpten Selbsteinladung überzeugt sind, dass bei Ihnen selbst der beste Risotto zum Risiko wird und Sie kein geeignetes Rezept oder keinen Babysitter für Ihre Kleinen finden, bestellen Sie einen Caterer oder einen jener Köche, die in der heimischen Küche ein wundervolles Diner zaubern. Schließlich will Ihr Chef nicht wissen, ob Sie sich als Maître für die Kantine des Vorstandes qualifizieren. Sagen Sie ruhig offen, dass Kochen nicht so Ihr Ding ist und Ihre Qualitäten selbstredend in anderen Bereichen liegen. Wenn Sie das alles beherzigen, überstehen Sie diesen Abend, der sehr vergnüglich werden kann, mit Authentizität und Eleganz.

Und wenn Sie, geneigter Leser, tatsächlich der sich selbst einladende Oberbonze sind, dann seien Sie milde, seien Sie menschlich mit Ihrem Mitarbeiter, beweisen Sie Herzenstakt, indem Sie peinliche Situationen elegant überspielen und den allfälligen vorlauten Kindermund liebenswürdig lächelnd rasch wieder vergessen. Ihr Mitarbeiter oder Ihre Mitarbeiterin wird Sie von da an glühend verehren und sich für Sie zerreißen. Dieser Abend ist für Sie die einmalige Chance, eine wundervolle Freundschaft ihren Anfang nehmen zu lassen.

Der Cohnrat

Ich hab mal meinem damaligen Schweizer Chef am Frankfurter Bahnhof einen Döner in die Hand gedrückt. Bis heute bin ich nicht sicher, ob das wirklich ein guter Move war, denn er war vorher noch nie mit so etwas in Berührung gekommen, sein maßgeschneiderter Kammgarnanzug leider auch nicht.

Ein erprobtes Risotto-Rezept

Es gibt unendlich viele Ratschläge, wie Risotto gelingt.

Dieses Grundrezept können Sie ohne Stress und große Kenntnisse zubereiten und so einen Paradeauftritt hinzaubern, der im besten Falle bei den Gästen Standing Ovations auslöst. Ein Gaumenschmaus. Ein echter Boss-Move!

Die Variation à la Cohn, hier kommt sie schon, klappt sowohl mit frischen als auch getrockneten Steinpilzen und/oder Pfifferlingen.

Einkaufszettel für 6 Personen (bitte im umweltfreundlichen Bastkörbchen mitnehmen und nicht etwa zu Hause auf dem Sideboard liegen lassen):

400 Gramm Risottoreis (pro Person ca. 60 Gramm)
ca. 1–2 Liter Geflügelbrühe oder -fond
Olivenöl
100 Gramm Butter (gute Süßrahmbutter)
2 kleine Zwiebeln
5 Stangen Staudensellerie
1 Flasche Weißwein (je nach Gusto, aber gut muss er sein)
150 Gramm Parmesan
frischer Thymian
glatte Petersilie
Meersalz
Pfeffer
3–4 Knoblauchzehen

Und natürlich die Stars der Show:
150 – 200 Gramm frische Steinpilze oder Pfifferlinge
(es darf auch »a bisserl« mehr sein)
25 Gramm getrocknete Pilze

Als Erstes ordnen Sie alles wohldurchdacht in Ihrer Küche an. Nicht so Kraut und Rüben durch- und übereinander, dass man gar nichts mehr findet!

Dann nehmen Sie einen Schluck Weißwein. Das entspannt, und Sie wollen ja schließlich wissen, ob er korkt oder, wie der

Österreicher sagen würde, stoppelt. Korkt er, schütten Sie die Flasche weg. Stoppelt er nicht, nehmen Sie zur Sicherheit nocheinmal einen kräftigen Schluck, schließlich wollen Sie ja ganz sicher sein, dass Sie für Ihr Risotto den besten Wein verwenden. Natürlich muss man diese Prüfung regelmäßig in kurzen Abständen wiederholen. Trotzdem in Maßen bitte, Sie wollen ja nicht blau sein, bevor der Chef eintrifft!

Jedes gute Risotto benötigt so ungefähr 40 bis 45 Minuten Zeit. Deswegen geht auch der ein oder andere weitere winzige Schluck, was zur Folge hat, dass man recht vergnüglich rührt und kocht.

Wenn Sie sich jetzt wundern, warum das Risotto im Sternerestaurant bereits 15 Minuten nach der Bestellung vor Ihnen auf dem Tisch steht: Seien Sie versichert, man war vorbereitet.

Doch »Fanget an!«, so ruft der Merker bei Wagner in den Meistersingern, und auch wir heben mit dem Werke an.

1. Schritt: Die getrockneten Pilze in einer Schüssel mit heißem Wasser (0,7 Liter) übergießen und ca. 20 Minuten beiseitestellen. Können die jetzt machen, was sie wollen!

2. Schritt: Folgende Kameraden auf mittlerer Hitze in 5 Esslöffel Olivenöl in einem großen Topf sehr behutsam ca. 15 Minuten anschwitzen:

2 allerfeinst gehackte Zwiebeln,
5 ebenso fein gehackte Selleriestangen.

Wenn die ganze Gesellschaft leicht gebräunt ist wie eine Schickimicki-Münchnerin von der Sonnenbank, dann

100 Gramm Butter,
2–3 Knoblauchzehen in dünnen Scheibchen und

300 Milliliter Weißwein (wenn Sie den dann noch übrig haben) dazu.

3. Schritt: Temperatur etwas erhöhen (nicht die Ihre). Den Reis mit feinem Schwung, nicht zu hektisch, unter Zuhilfenahme eines hölzernen Kochlöffels hineinrieseln lassen. Jetzt ist das meiste eigentlich schon getan.

4. Schritt: Und nun wird's rührend! Rühren Sie, rühren Sie sanft und mit Gefühl, mit Hingabe. Sie wollen keinen Smoothie quirlen, Sie wollen liebevoll, ja fast zärtlich ein fluffiges, sämiges Risotto und keinen Maurermörtel mischen! Rührend sein ist für den Rest der Kochzeit Ihre Lieblingsbeschäftigung und entscheidend für den Erfolg. Also, nicht nachlässig werden und nicht rummantschen!

5. Schritt: Sobald der Reis alle Flüssigkeit aufgesogen hat und festzuwerden beginnt, Brühe oder Fond (ich nehme immer Fond) mit einer kleinen Schöpfkelle hinzufügen. Und wenn keine kleinen Kinder mit am Tisch sitzen, Wein und Fond abwechselnd hinzufügen, und nein, Sie sollen jetzt nicht mehr mit dem Reis um die Wette saufen! Auch wenn gleich Ihr Überboss in der Wohnung stehen wird!

Bis hierher sind etwa 25 Minuten vergangen, sofern Sie in der Zeit keine Anrufe angenommen haben, was Sie beim Risottokochen tunlichst vermeiden sollten. Denn wenn Sie es zu lange kochen, wird es kein Risotto sondern ein Gatsch oder wie der Berliner sagt: eine Pampe.

Langsam beginnt der Reis weicher zu werden. Wenn Sie das bemerken (immer ein bisserl kosten), die Hitze zurücknehmen.

An dieser Stelle, und nur an dieser, können Sie entscheiden, ob Sie pausieren oder weitermachen. Sollten Sie einen Zwischenstopp einlegen, Frisur richten, anderes Kleid oder Hemd anziehen, Make-up oder Bart reparieren, Kinder zur Ordnung rufen, Tisch noch einmal überprüfen, dann bitte den Reis runter von der Kochplatte, wie im Sternerestaurant.

Alles Weitere, egal für welche Variante Sie sich entscheiden, dauert noch etwa 10 bis 15 Minuten. Schließlich, wenn es weitergehen soll:

6. Schritt: Die trockenen Steinpilze oder Pfifferlinge haben jetzt lange genug herumgesumpft, für die geht's jetzt zur Sache: abtropfen, klein und fein schneiden. Zusammen mit dem verbliebenen Einweichwasser dem Reis zugeben. Mit Salz, Pfeffer, Thymian, Butter, Parmesan und je nach Gusto mit klein gehackter Petersilie abschmecken.

7. Schritt: Die frischen Steinpilze oder Pfifferlinge in einer Grillpfanne in Butter, Pfeffer und Salz anbraten. Am Ende mit etwas Petersilie mischen und auf den Reis geben. Portionsweise. Wenn Sie es in der De-luxe-Variante servieren wollen, können Sie noch klein gehackte Shiitake-Pilze dazugeben.

Bitte, bitte sorgsam vorgehen, damit es auch attraktiv anzusehen ist. Es muss in jedem Fall immer eine cremige Konsistenz entstehen. Geben Sie sich also beim Abschmecken und Rühren richtig Mühe.

8. Schritt: Servieren.

Eigentlich ein Kinderspiel. Probieren Sie es aus.

Zahlungsmodalitäten beim Restaurantbesuch

Egal ob beim König oder beim Bettelmann, ob in den Slums oder bei Hofe, ob Sie sich zu einem Kasten Bier beim Grillfeuer am Fluss oder im Gourmetrestaurant verabreden: ein gemeinsames Mahl besiegelt Ihre Freundschaft, Ihre Eheschließung, Ihren Geschäftsabschluss.

Doch irgendwann kommt – böse, böse – eine lästige Angelegenheit. Sie ahnen's: Es kommt die Rechnung. Sie möchten doch eine Freundschaft und nicht eine Feindschaft besiegeln. Daher Obacht! Steiniges Gelände mit ein paar ganz gemeinen Stolperfallen. Fingerspitzengefühl hilft da natürlich, aber es gibt Situationen, da braucht Ihr Fingerspitzengefühl zusätzlich ein paar Fakten. Es hilft die folgende Typologie möglicher Tischnachbarn:

Der Januskopf: Während des Essens zeigt er seine Schokoladenseite. Der kultivierte, lässig-charmante Causeur strotzt vor Grandezza. Liegt dann aber die Rechnung auf dem Tisch, bekommen Sie die andere Seite zu sehen. Mit buchhalterischer Akribie stürzt er sich auf jede einzelne Position. Um 2,50 Euro beginnt er vor seinen Gästen eine peinliche Diskussion mit dem Servicepersonal bis hinauf zum Restaurantchef, der an den Tisch zitiert wird. Zahlt man hinwiederum gemeinsam, kappt er die soeben erlangte Verbindlichkeit durch kleinliches Halbieren von Wasserflaschen. So oder so – er outet sich als ausgesprochen schäbig und hat in derselben Sekunde sein offenbar mühsam aufgebautes Ansehen verspielt. Die Einladung hätte er sich besser gleich gespart.

Das Cleverle: »Danke, das übernimmt ja Ihre Firma, nicht wahr? Grüßen Sie herzlich Ihren Chef!«

Der Bauernschlaue, rustikaler Bruder des Cleverle: Verschwindet, wenn's ans Zahlen geht, zu einer längeren Sitzung auf der 17 und setzt darauf, dass sich das Thema von selbst erledigt. »Ach, war die Bedienung schon da? Na, ich hol dann mal den Wagen.« Keine gute Idee.

Der arme Künstler: Hat die Tischgesellschaft, sofern er von der darstellenden Zunft ist, glänzend unterhalten. Sein Zahlungsmittel waren die reichlich gelieferten Anekdoten über Künstlerarmut. Im Falle des bildenden Künstlers gibt es Typ a.: appelliert an die soziale Verantwortung der Tischgesellschaft durch sein unerträgliches Gejammer, und Typ b.: setzt es als gegeben voraus, dass er aus dem Kuluretat der am Tisch Versammelten gespeist wird.

Der Joviale: Man kann mit ihm ein gutes, reichliches Essen genießen, wenn man sich ihm unterordnet. Widerworte besser wegsaufen.

Der Saalrundenkönig: Lässt mit steigendem Pegel und ohne jedes Kalkül keine Gelegenheit aus, die im Gastraum Versammelten in seinen glücklichen Rausch hineinzuziehen.

Der Gastrosprengmeister: Dividiert beim Eintreffen der Rechnung jede Gemeinschaft im Handumdrehen wieder auseinander. Sitzt im Schwäbischen an jedem Tisch.

Der Bayer, wie ihn die Preißn sehen: »G'fressn, g'suffn, kotzt und g'spiebm, Bedienung packt und schuldig bliebm.«

Aber jetzt driften wir in ungebärdiges Verhalten im Wirtshaus ab. Und ich gehe davon aus, dass Sie sich niemals so wie einige Russen in Kitzbühel aufführen würden, nach deren Abreise das Gasthaus ein Totalsanierungsfall war. Zurück also zum gepflegten Restaurantbesuch.

Lassen Sie sich von mir mit ein paar grundlegenden Konventionen durch diesen heißen Nachtisch navigieren.

1. Wer hat den Restaurantbesuch initiiert? Der Initiator übernimmt zumindest im geschäftlichen Umfeld auf jeden Fall die Rechnung.
2. Wurde dazu im Vorfeld von jemandem eine Einladung ausgesprochen? Dann ist der Fall klar, der Einladende übernimmt die Rechnung.
3. Wie ist das Verhältnis von Auftraggeber zu Auftragnehmer? Nach Vertragsabschluss bezahlt immer der Auftragnehmer.
4. Befinden Sie sich noch in der Akquisephase Ihres Geschäfts? Dann ist es heikel, zeigen Sie sich einfach großzügig. Das gilt auch für:
5. Essen mit Kunden, jedoch nicht für
6. Essen mit Amtsträgern, da diese sonst zu schnell dem Vorwurf der Bestechlichkeit ausgesetzt werden könnten, und weil es schlicht verboten ist, Amtsträger einzuladen.
7. Verfolgen Sie mit dem Restaurantbesuch eine bestimmte Absicht? Wenn Sie eine Absicht verfolgen, dann sollten Sie auf jeden Fall die Rechnung übernehmen.
8. Essen mit Familienmitgliedern: Ist Ihre Erbtante mit von der Partie, liegt die Rechnung schon bei Ihnen auf dem Tisch! Ansonsten bleibt es hier völlig Ihrem Feingefühl überlassen, ob und wie viel Sie von der Rechnung begleichen.

9. Essen mit Kumpels: Mit meinen besten Freunden handhabe ich es gerne so, dass bei jedem Essen ein anderer aus der Runde die Rechnung begleicht.

10. Essen mit Kumpels und deren besseren Hälften: Ob Sie das übernehmen, hängt vor allem von Ihrer wirtschaftlichen Kraft ab.

11. Wegen schlechten Wetters ins Wirtshaus verlegte Grilleinladung? Das bleibt, wenn es Ihre Grilleinladung war, leider an Ihnen hängen.

Generell ist zu sagen: Seien Sie großzügig! Wenn Sie es wirtschaftlich verkraften können, übernehmen Sie die Rechnung. Unauffällig, draußen beim Wirt an der Kasse, getarnt durch einen Gang zur Porzellanabteilung.

Wenn Sie sich danach nicht unauffällig entfernen können, entschärfen Sie allfällige Peinlichkeiten mit einer humorvollen Bemerkung wie:»Ich musste sowieso gerade einen Fünfhunderter wechseln.«

Sollten Sie überraschenderweise einmal der Eingeladene sein, dann nehmen Sie die Einladung herzlich dankend an! Es ist hundsmiserables Benehmen, in eine Suada auszubrechen und vor allen Anwesenden mit dem Gastgeber herumzudiskutieren.

Wenn die Runde sich entscheidet, die Gesamtsumme durch die Anzahl der Personen zu teilen, seien Sie sicherheitshalber etwas großzügiger. Schließlich gilt es ja noch ein Trinkgeld zu geben. Außerdem nehmen Sie so allfälligen Neidern, die Ihnen Ihrer Statur halber ein gefräßigeres Essverhalten unterstellen, den Wind aus den Segeln.

Restaurantbesuch avec les enfantes

Ich liebe Kinder. Von ganzem Herzen. Mit allem, was sie ausmacht. Das vorweggeschickt.

Mit Restaurantbesuch ist hier nicht der fliegende Durchmarsch in irgendeiner Fast-Food-Kette oder dem Futtertrog im Schwimmbad gemeint. Ich rede von richtigen Restaurants, mit Kerzen auf den Tischen, elegantem Personal und Stoffservietten.

Wenn man sich auf Drängen eines antiautoritären, veganen Freundeskreises entschlossen hat, die Herausforderung des Besuchs eines solchen Etablissements anzunehmen, sucht man nach etwas möglichst Kinderfreundlichem, das damit wirbt, den Lütten mit großer Geduld und Gelassenheit so ziemlich alles durchgehen zu lassen, um sich der Illusion hingeben zu können, man selbst sei aus dem Schneider.

Nun können Sie versuchen, den Steppkes vor Betreten des Restaurants mit einem Blick, der höchstens eine blinde Katze in die Flucht schlagen würde, Verhaltensmaßregeln aufzuerlegen und sie mit der Aussicht auf eine Belohnung in Form von kleinen Hunden, dicken roten Bällen, einer Dampflok oder eines Barbiepuppenhauses zu bestechen. Der Erfolg dieser Methode hält allerdings meist gerade mal an, bis alle auf ihre Stühle gehopst sind. Denn schon wird der erste lautstarke Streit vom Zaun gebrochen: Jeder will bei Mama sitzen. Sie drehen sich entschuldigend zu den in Hörweite sitzenden Gästen um und versuchen es mit der Erklärung, dass die Kinder keinesfalls streiten, sondern intelligent um den besten Platz argumentieren.

Die genervten Gesichter der übrigen Restaurantbesucher (die im Gegensatz zum Personal nicht auf Willkommenskultur geschult sind) kleben an Ihnen wie die Falter an der Lampe, und Sie bekommen die ersten gepflegten Schweißausbrüche. Sie verziehen Ihren Mund zu einem milden Lächeln und setzen Ihren »Das-machen-die-sonst-nie-Blick« auf. Das sagt man übrigens über kleine Hunde auch.

Ihre Kinder sind mittlerweile schon dazu übergegangen, den Tisch als Brummkreisel zu nutzen, um den es herumzutanzen gilt, und das Essen auf den Tellern der anderen Gäste zu inspizieren. Eines von ihnen grabscht gar in das Zürcher Geschnetzelte eines älteren Ehepaares, das gerade gemütlich seinen 40. Hochzeitstag genießen will.

Selbst wenn die anderen Gäste heuchlerisches aber spürbar unruhiges Verständnis signalisieren, ist Ihnen klar, dass das Verhalten und das Lärmen der Kinder eben doch stört.

Und leider löst Ihr Versuch, den Kleinen anständige Tischmanieren beizubringen, heftige Gegenreaktionen aus.

Haben Sie kleine Kinder? Kommt Ihnen das bekannt vor?

Ich sage Ihnen, die Situation ist in höchstem Maße unfair. Man kann kein Kleinkind, vollkommen unerheblich, wie viel es spricht, wie schnell es schon mit drei Jahren ein Puzzle für Fünfjährige zusammensetzt oder wie herzig, putzig und süß es ist, in gefühlten fünf Minuten zu einem Erwachsenen machen. Auch nicht für zwei Stunden. Es gibt also keinen vernünftigen Grund, mit einem kleinen Kind in ein gehobenes Restaurant zu gehen. Das ist für das Kind in etwa so prickelnd wie Weihnachten in der Karibik, brrrr ...

Ist das Kind etwas älter, können Sie aber zu einem beherzten Trick greifen: Erzählen Sie ihm, wie großartig es im Restaurant war, wie gut es geschmeckt und wie fein es gerochen hat. Erzählen Sie vom lustigen Kellner, der wunderbares Himbeereis als Nachtisch servierte.

Aber sagen Sie auch, dass so ein Ort, wo man so tolle Sachen zum Essen bekommt, halt leider nur für Erwachsene ist, die wissen, wie man sich benehmen muss. Das machen Sie nach jedem Restaurantbesuch. Und wenn Ihr Kind dann Feuer und Flamme ist, fangen Sie an, zu Hause »Restaurant« zu üben. Und Sie werden sehen, nach vier Monaten des Übens wird Ihr Kind den Tisch im Restaurant kein einziges Mal verlassen, sich den Mund nach jedem Bissen mit der Stoffserviette fein säuberlich abtupfen und über den lärmenden, umherstreifenden und recht lauten Jungen vom Nebentisch sagen: »Papa, der muss aber noch üben, weil der kann sich ja gar nicht benehmen.«

Ob Ihr Kind mit diesen Verhaltensweisen gleichaltrige Freunde findet, ist eine andere Frage.

> ### Der Cohnrat
> Restaurants können etwas Wunderbares sein. Kinder sind auch wunderbar. Und ja, es gibt erfolgreiche Mittel und Wege, beide glücklich zu vereinen.

Ernährungstheorien und andere Desaster

Zu Beginn war nicht nur der berühmte Apfel, den Evi ihrem Adam in selbigem Kostüm schmackhaft machte. Es kamen noch ganz andere Katastrophen. Denn Luzifer sorgte dafür, dass der Planet nicht nur mit Äpfeln bestückt war. Er gab den Menschen

Schokoriegel, Torten, Kekse, Sahne, Gummibärchen und Süßgetränke. Zu guter Letzt erfand er die Fast-Food-Restaurants. Seitdem ist der Beruf des Zahnarztes eine sichere Bank, und die Ernährungstheorien sprießen wie Pilze nach einem warmen Sommerregen aus dem Boden.

Ich erspare Ihnen und mir die Folter, all diese Ernährungsweltanschauungen, gegen welche auch die fiesesten Verschwörungstheorien wie Sonntagsmärchen anmuten, aufzuzählen. So viel ist klar: Es geht immer ums Kalorienverbrennen. Bisher aber konnte ich bei keinem meiner Mitmenschen einen Ofen, der zu den Ohren herausqualmt, entdecken.

Dennoch, ich habe alle Ernährungstheorien dieses Planeten ausprobiert. Und, was hat es gebracht? Nichts, nada, niente! Trotzdem erklären uns die so genannten »very skinny people«, also jene, deren Magersucht gerade noch nicht als pathologisch bezeichnet werden kann, wir würden uns nur nicht konsequent genug an ihre, Verzeihung, abstrusen Essensglaubenssätze halten. Wie ein Wackelpudding in der Brandung predigen sie, warum die Kleidergröße Zero in jedem Falle zu protegieren ist. Dabei können auch kleine Röllchen an der Hüfte oder ein Sixpack im Speckmantel, vorzugsweise gepaart mit einem sechs- bis achtstelligen Bankkonto, durchaus sehr sexy sein. Wie in der Kunst liegt auch das im Auge des Betrachters.

Da die Ernährungsfrage heute zu einem Schlachtfeld der unterschiedlichsten Interessengruppierungen verkommen ist, fällt es mir schwer, mich zu allgemeingültigen Aussagen zu versteigen! So viel kann ich, ohne einen »Erdogan-Effekt« zu erzielen, sagen: Suchen Sie hartnäckig nach den Ursachen Ihrer Figur und lassen Sie sich ansonsten von den ganzen Klugscheißern nicht beeindrucken.

Ein Gentest, um zu erfahren, welcher genetisch bedingte Ernährungstyp Sie sind, kann hilfreich sein. Viel Gemüse ist auf je-

Achten Sie auf Ihre Ernährung.
Holen Sie sich notfalls Hilfe.

den Fall gesund. Obst auch. Und wie schon mein Freund, der indische Dr. Krishna, sagte: Iss bei einer Mahlzeit nie mehr, als in deinen beiden hohlen Händen Platz hat.

Und, last not least, bewegen Sie sich genug. 10 000 Schritte am Tag sind gewiss kein Schaden. Das könnte schon mal ein guter Anfang zum Glücklichsein werden.

Ach ja, und vergessen Sie nie: All diese Ernährungsratgeber sichern vor allem dem Autor seinen Lebensunterhalt. Wenn Sie ihn kennen, tun Sie was für ihn, verschenken Sie zum Beispiel seine Bücher – wenn nicht, was geht er Sie an?

Der Cohnrat

2,2 Milliarden Menschen sind übergewichtig! 30 Prozent der Menschheit sollen also undisziplinierte, unsportliche, unbelehrbare, unkontrollierte, verfressene Vollpfosten sein? Glauben Sie das? Ich auch nicht. Und da keine Wirkung ohne Ursache, sollten wir zuerst mal danach suchen!

Alles wird gut, wenn es aus Schokolade besteht

Admiral Christoph Kolumbus hat sich wohl als einer der Ersten selbst durch den sprichwörtlichen Kakao gezogen, als er, der dortigen Sprache nicht mächtig, während einer Reise nach Südamerika, für ihn immer noch Indien, in Guanaja im Jahre 1502 dieser Bohne keinerlei Bedeutung zumaß. Es ist überliefert, dass der stolze Genueser im Dienste der kastilischen Krone niemals Schokolade probiert hat und nur scharf auf den Seeweg nach Asien war.

Doppelt dumm gelaufen: Kakao übersehen und die erhoffte Meeresstraße auch nicht entdeckt. Dabei hätte er Königin Isabella auf diese Weise durchaus eine verlockende Gabe von seiner Reise mitbringen können. Aber wollen wir Kolumbus, der immerhin, wenn auch ohne es zu wissen, Amerika für uns entdeckt hat, nicht das vorwerfen, was er nicht entdeckt hat. Ich hätte es ihm und seinen tüchtigen Matrosen nur gegönnt, ist Schokolade doch ein echter Energiebringer. Schokolade ist das Remedium schlechthin. Jeder, der Kinder hat, weiß um den Wert von Bestechungsschokolade, wenn die Wanderung sich zieht, die Hütte noch nicht in Sicht ist. In der Kakaobohne hat Madre Natur ein ganzes Füllhorn an wertvollen Nährstoffen auf kleinstem Terrain zusammengefügt. Schokolade entfacht Glücksgefühle, man ist durch sie am Lachen näher dran als am Flennen. Und das ganz ohne Reue. Oder hatten Sie schon einmal nach einer Tafel Schokolade einen Kater? Raucherhusten? Eine Psychose? Ja gut, macht vielleicht dick, ja klar. Aber Sie wissen ja selbst, dass die Dosis das Gift macht. Doch das gilt eigentlich für alles im Leben. Wie viel Freundin ertrage ich? Wie lange kann ich Weihnachten feiern? Wie entsage ich dem dritten Cognac? Oder, besonders im germanischen wie im japanischen Kulturkreis, wie finde ich ein Ende bei der Arbeit?

Ich persönlich habe ein gut funktionierendes Verhältnis zu meiner Schokolade. Sie ist nämlich die Einzige, die immer für mich da ist, wenn ich im Unterzucker unsanft aufschlage.

Meine Verordnung: Vergessen Sie für eine kleine Weile Kaffee, Cappuccino und grässliche Teebeutel in allen Geschmacklosigkeitsvarianten und bereiten Sie sich einen einfachen frischen

Kakao zu. Das hat schon Gilbert Bécaud in seinem wunderbaren Chanson »Natalie« besungen. (Hören können Sie es unter: www.cohns-welt.com.)

Wählen Sie eine Sorte und eine Marke, die Ihrem Gusto entspricht. Angeboten wird ja reichlich. Je schlichter, desto reiner und ehrlicher. Die braune pulvrige Köstlichkeit und der Zucker (da muss ja jeder wissen, was er sich zumuten kann) lösen sich umso besser auf, je heißer die Milch ist. Wasser geht auch. Verwegen wie die Azteken können Sie dem Ganzen auch etwas Cayennepfeffer beimischen. Scharfe Sache. Genießen Sie die himmlische Köstlichkeit mit geschlossenen Augen und, da darf man keine Kompromisse machen, aus einer Porzellantasse mit oder ohne Blümchen. Forscher der Polytechnischen Universität in Valencia fanden heraus, dass man den Geschmack des feinen Kakaoaromas am intensivsten in einer orangefarbenen Tasse empfindet. Ay, caramba!

Aber Finger weg von großen, knallbunten Kakaopackungen auf Kinderkopfhöhe bei Ihrem Discounter, so Sie dort mal NUR Toilettenpapier und Backofenreiniger kaufen gehen. Und Finger weg von der billigen in Plastik verpackten Schokolade. Denn es gibt sie, die Schokoladenmörder. Wie die Weinpanscher strecken sie die göttliche Bohne mit Zucker, Fett und Aromata. Welch Frevel an der guten Gabe!

Die Krux bei schlechter Schokolade und schlechtem Kakao: Beides lässt uns unzufrieden, ja unbefriedigt zurück. Und so nimmt man noch ein Stück und noch ein Stück, und doch will sich das Gefühl der Genusssättigung nicht einstellen, jenes Kribbeln auf der Kopfhaut. Sie alle hatten schon billige Pralinen in den Händen, Fundstücke hinten im Schrank, die herhalten müssen, wenn die feinen süßen Verführungen aufgebraucht sind. Davon isst man dann die halbe Schachtel und hat danach tatsächlich einen Schokokater. Im schlimmsten Fall ist es einem schlecht, richtig übel. Wie nach billigem Fusel. Nicht so bei edler feiner Schokolade, die natürlich zu den Delikatessen zählt.

Bevor Sie sich aber nun auf einer Datenbank für Kalorien, Fett, Kohlehydrate, Eiweiß und PH-Werte einloggen, genießen Sie erst mal eine richtig geile und heiße Schokolade mit Sahnehäubchen, dann erledigt sich das – glauben Sie mir – unnütze Bedürfnis nach Zahlen und Fakten wie von Zauberhand.

Denn: Alles wird gut, wenn es aus Schokolade besteht.

Der Cohnrat

Schokolade ist ein Geschenk des Himmels! Ich verstehe nicht, warum wir immer Äpfel essen sollen. Der Geschichte nach hat ein Apfel die Menschheit in das größte Unglück aller Zeiten gestürzt. Von der Kakaobohne und der Schokolade ist solches bisher nicht bekannt!

Zur Vertiefung

Und jetzt schauen wir mal, wie gut Sie aufgepasst haben, Sie Fuchs. Kreuzen Sie die richtige Antwort, an oder schreiben Sie sie hinzu.

Sie sind bei einer vornehmen asiatischen Familie zum Abendessen eingeladen und haben keine Ahnung, wie man mit Stäbchen isst. Was tun Sie?

A) Sie sagen laut und deutlich: »Können Sie hier nicht mal ordentlich den Tisch decken und Besteck hinlegen, wie man das bei anständigen Menschen macht?«

B) Sie sagen: »Bei so komischen Engerlingen und Würmern wird mir immer schlecht, kann ich bitte ein Schnitzel haben?«

C) Sie googeln drei Wochen vor der Einladung »gutes Benehmen in Asien«, lernen alle Ratschläge auswendig, besuchen einen »Wie esse ich richtig mit Stäbchen«-VHS-Kurs und brillieren als die erste Langnase, die sich an einem asiatischen Tisch richtig zu benehmen weiß.

D) _____

_____

_____

_____

_____

_____

_____

Sie sind zu Gast, und man hat Ihnen zu Ehren den Tisch mit Omas oder Erbtantes bestem Geschirr und Besteck gedeckt. Was tun Sie?

A) Sie nehmen den vollen Suppenteller, drehen ihn um und konstatieren befriedigt: »Aha, Hutschenreuther, das ist ja so was von Siebziger!«

B) Sie sagen: »Wir holen unser Geschirr nur bei Ikea, das kann man immer nachkaufen, ich bin nämlich so dappich mit Porzellan!«

C) Sie danken artig für die Aufmerksamkeit und erfrischen die Gastgeber mit einem anderthalbstündigen Vortrag über die Entdeckung des Porzellans und die Geschichte der Firma Hutschenreuther im Besonderen.

D) _____

_____

_____

_____

_____

_____

_____

Sie sind in einer größeren Gesellschaft zu einem Anlass religiöser Folklore zum Essen in ein Gasthaus geladen. Das Lokal ist das einzige Gasthaus im Ort und der Gastgeber mit dem Wirt befreundet. Man hat ihnen »unabsichtlich« den Platz am Katzentischchen zugewiesen. Sie:

A) brüllen, sobald die Bedienung mit den Suppentellern den Service beginnt: »Mir, nein mir zuerst!«

B) beschweren sich bei der Bedienung, dass ihre Suppe schon wieder kalt ist, und lassen sich jeden Gang dreimal servieren.

C) gehen nach dem Essen zum Wirt und erklären ihm, dass Sie noch nie im Leben so vorzüglich gegessen hätten und es ihnen vollkommen unverständlich sei, wie der Gastgeber behaupten konnte, dieses Lokal sei miserabel.

D) _____

    _____

    _____

    _____

    _____

    _____

    _____

VON GUTER KOMMUNI-
KATION

Die richtige Begrüßung

Der Gruß ist ein Minenfeld, welches dichter mit gesellschaftlichen Sprengfallen besetzt ist, je weiter man sich Asien nähert.

Wie grüßt man also richtig?

Auf der Straße und im Vorbeigehen: der Herr, sofern er behütet ist, durch Ziehen des Hutes. Falls er keinen Hut trägt, durch freundliches, dezentes Winken, auf keinen Fall durch ein wildes Rumgefuchtel in der Luft, begleitet von lauten und durchdringenden »Huhu«-Rufen. Die Dame grüßt durch huldvolles Neigen des Kopfes. Bleibt man stehen, ziehen die Herren den Hut und schütteln einander die Hand respektive deuten der Dame einen Handkuss an; wenn die Dame jedoch keine Dame ist, schütteln sie ihr nur die Hand. Und wenn Sie sich ganz gut mögen, dann dürfen Sie sich auch umarmen. Sinngemäß gilt das auch indoor, nur dass der Handkuss dann nicht nur anzudeuten, sondern richtig auszuführen ist.

Ursprünglich rührt der Händedruck daher, dass man sein Gegenüber daran hindern wollte, während des Grußes zur Waffe zu greifen. Abgesehen davon verrät ein Händedruck dem aufmerksamen Beobachter sehr viel über die Persönlichkeit des Handgeschüttelten. So ist es ziemlich garstig, einem nassen Waschlappen die Hand geben zu müssen, vor allem wenn zwischen den Fingern noch ein Goldfisch durchschwimmen kann. Ausdrucksstark ist immer ein kräftiger Händedruck, sollte Ihr Gegenüber danach mit Handknochenbrüchen eingeliefert werden müssen, das nächste Mal etwas besser dosieren bitte.

Der Cohnrat

Lieber fünfmal zu oft als einmal zu wenig gegrüßt! Den Ruf, ein grußloser Rüpel zu sein, wieder loszuwerden, ist fast unmöglich.

Missverständnisse und wie Sie sie vermeiden können

Wie wir alle aus Erfahrung wissen, ist die Vielschichtigkeit der zwischenmenschlichen Kommunikation ein ständig und kräftig sprudelnder Quell profunder Missverständnisse.

Zum Beispiel im Urlaub: Die Enkelin ruft die im Feriendomizil gebliebene Großmutter an: »Wir sind noch bis eins in der Stadt.« Um Punkt 13:00 Uhr hat Oma das Mittagessen auf dem Tisch. Zur gleichen Zeit verlässt die Truppe die Stadt und trifft um 13:40 Uhr nach einem längeren Fußmarsch hungrig und verschwitzt ein, das Essen ist verkocht, Oma frustriert und verärgert.

Das Zuhören ist so eine Sache. Stellen Sie sich folgende Situation vor: Sie sitzen in Ihrem Homeoffice und telefonieren. Am anderen Ende der Wohnung geht eine Tür auf, eine Stimme ruft etwas durch den Flur, die Tür schließt sich wieder. Dass die Ansprache an Sie gerichtet war, können Sie sich nicht vorstellen. Später jedoch bekommen Sie dann zu hören: »Aber das habe ich dir doch gesagt!« Klassische Sender-Empfänger-Thematik oder auch ein »Kein Anschluss unter dieser Nummer« – respektive wie manche Kinder sagen würden, ein »Erde an Papa, Erde an Papa«-Fall. Ebenfalls problematisch ist es, wenn Menschen dazu neigen, die Aussagen anderer zu interpretieren.

Mir ist jüngst etwa der Fall einer älteren Dame zu Ohren gekommen, die ihren jüngeren Liebhaber fragte, wie sie aus ihrer unerträglichen Ehe herauskommen könne. Lösungsorientiert empfahl der junge Mann, die Scheidung einzureichen und eine bezahlbare Wohnung zu mieten. Die Dame interpretierte diese Aussage – offenbar bindungsbedürftig – als:»Ich will mit dir zusammenziehen und mit dir ein gemeinsames Leben anfangen.« Die Folge dieser Überinterpretation: sehr viel Unglück.

Besonders prickelnd wird es, wenn der eine Kommunikationspartner einen unverbindlichen Vorschlag macht und der andere diesen ernst nimmt. Anruf um 10:00 Uhr morgens von einer Freundin:»Du, ich habe heute frei, ich würde später noch vorbeikommen.« Also: Wohnung aufräumen, Wäsche vom Trockenständer, staubsaugen und -wischen, abwaschen, runter in den Laden, einkaufen, kleines Mittagessen kochen, Tisch decken. Warten. Um zwei Uhr der erste Versuch, sie zu erreichen: die Mailbox. Bis drei Uhr: sieben Mal die Mailbox. Die ledrigen Reste des kunstvollen Essens wurden inzwischen wütend hinuntergeschlungen. Um vier Uhr klingelt das Telefon:»Ach du, ich habe noch Marie-Louise getroffen, und wir sind noch ein wenig shoppen gegangen, heute wird es mir zu spät, ein andermal vielleicht.«

Mühelos ließen sich viele Seiten mit den Beispielen missglückter Kommunikation füllen, täglich kommt mindestens ein neues hinzu. Auch im Zeitalter vieler verschiedener Kommunikationskanäle scheint es immer schwieriger zu werden, den Kommunikationspartner, sei es mündlich oder schriftlich, wirklich zu ver-

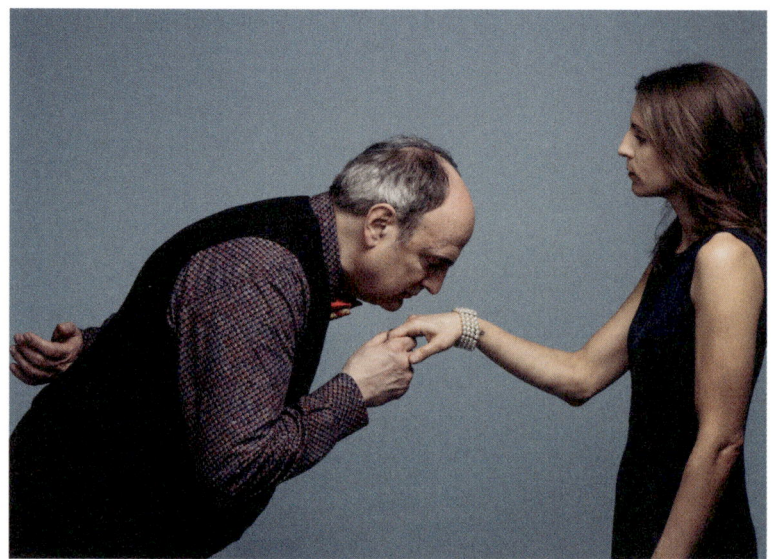

Richtig

Falsch

stehen. Wo ist also das Türchen, der coole Move, um aus dieser Falle herauszukommen?

Die Antwort: »Reden ist Silber, Zuhören ist Gold.« Damit wir jemanden richtig verstehen können, müssen wir ihm zuerst zuhören. Allerdings gibt es die unterschiedlichsten Arten des Zuhörens: Zeitung lesend oder Textnachrichten beantwortend, mit einem halben Ohr den Gesprächen am Nachbartisch folgend. Zu verstehen, was das Gegenüber tatsächlich ausdrücken will, ist eine ganz andere Sache. Um Ihren Gesprächspartner richtig zu verstehen, sollten Sie ihm ins Gesicht, wenn nicht sogar in die Augen, schauen.

Außerdem sollten Sie nach Möglichkeit auf weitergehende Interpretationen des Gesagten verzichten. Ich erlebe es immer wieder als besonders erfrischend, mich mit einem guten Freund in ein Gespräch zu vertiefen, bei dem es ab einem gewissen Punkt gar keiner großen Worte mehr bedarf.

Natürlich ist ein Gespräch nicht immer ein gesitteter Austausch von Informationen, Emotionen und Überzeugungen zwischen zwei Leuten, manchmal kann ein Gespräch ein wahrer Tumult sein.

Ich kenne eine 30-köpfige Familie, deren Familienfeste für Außenstehende einem kommunikativen Supergau gleichkommen, da alle gleichzeitig mit allen reden. Die haben sich offensichtlich etwas zu sagen, und das Verrückte: Es funktioniert. Zumindest für die Beteiligten. Die Anwesenden bleiben auf wundersame Weise kongruent und empathisch an allen Gesprächen gleichzeitig beteiligt. Nicht nur wegen des Lärmpegels ist es für Nichtfamilienmitglieder ein zweifelhaftes Vergnügen, an diesen Festen teilzunehmen. Manchmal arten diese Großunterhaltungen auch in eine verbale Schlacht aus. Die den Beteiligten offenbar Spaß macht. Andere hingegen empfinden die Gewohnheit, den anderen erst einmal vollständig ausreden zu lassen, bevor man selbst zur Antwort ansetzt, als durchaus sinnvoll.

Innerhalb bestimmter Gruppen sind Gespräche ein choreografierter Reigen in einer fast fremden Sprache. Bei Anwälten, Künstlern, Bikern und Hipstern zum Beispiel. Wer nicht dazugehört, versteht oft nur Bahnhof. Besonders knifflig können Gespräche mit Menschen aus einem anderen Sprach- oder Kulturkreis werden. Wenn Sie sich als Wiener beispielsweise durch eine geradeheraus gesprochene Aussage Ihres norddeutschen Partners beleidigt fühlen, empfiehlt es sich, nicht mit einer bissig-verärgerten Replik zu reagieren, sondern erst einmal innezuhalten und dann vorsichtig die Frage zu stellen: »Wie meinen Sie das?« Von den Unterschieden der Geschlechter sei hier einmal ganz abgesehen. In Paargesprächen sollten Sie Aussagen grundsätzlich eher mit einem Fragezeichen versehen und auf das emotionale Ausrufezeichen verzichten.

Merken Sie sich für gelungene Kommunikation also folgende Grundregeln: aufmerksam zuhören, sorgfältig prüfen, gelassen und (wenn möglich kurz) und präzise antworten.

Leider gibt es immer noch viele, die das nicht können. Ich oft auch nicht.

Der Cohnrat

Verstehen Sie mich nicht falsch, aber vielleicht haben Sie oft einfach etwas falsch verstanden!

Eine kleine Typologie nerviger Gesprächspartner

Der »Angler«

Sie sitzen in einer kleinen Runde von Leuten und erzählen eine lustige Anekdote aus Ihrem Leben. Blöderweise sitzt in dieser Runde ein »Angler«. Nicht dass dieser Mensch je mit einer Angelrute an einem Fluss gesessen hätte, nein, er angelt sich nur Ihr Thema. Und bei ihm ist alles doppelt so lang, schwer, witzig, aufregend oder romantisch, was Ihre Geschichte etwas kümmerlich erscheinen lässt. Egal welches Thema angeschnitten wird, dem Angler ist desgleichen in doppelter Dimension widerfahren. Ihm beizukommen ist exquisit schwierig. Man kann ihn coram publico als das, was er ist, entlarven, als einen grauenvollen Angeber. Aber das wäre peinlich für alle Beteiligten und vermutlich das Ende der Party. Eleganter ist es, eine höchst unwahrscheinliche Geschichte vom Stapel zu lassen, sodass seine notwendig einsetzenden Steigerungen den Angler lächerlich werden lassen. Das ungläubige Gelächter am Ende einer solchen Story ist oft sehr heilsam. Alternativ können Sie nur einen anderen Gesprächskreis auf der Party gründen oder suchen. Die am Gespräch interessierten Freunde kommen dann ganz von allein nach.

Der »Sprengmeister«

Der »Sprengmeister« kommt meist reichlich verspätet, wenn eine Runde schon längst beim Whisky angekommen ist. Er entschuldigt sich kurz, versorgt sich mit den nötigen Getränken,

129

hört dem Gespräch genau zwei Minuten lang aufmerksam zu und unterbricht Sie dann laut und scharf, um zu erklären, dass alles, was Sie von sich geben, gequirlter Unrat sei. Er untermauert seine Aussagen mit wenig realitätskongruenten Argumenten, die aber dank der Sprachkraft seiner Worte in der Runde sofort Glauben finden und Sie als kompletten Armleuchter dastehen lassen. Ein Gegenangriff braucht viel Geduld, denn der Sprengmeister muss sich zu einer offensichtlichen Unwahrheit oder Übertreibung hinreißen lassen. Explodieren Sie hingegen kopflos, ist dies meist vergeblich und Sie müssen dem »Sprengmeister« nicht nur Ihre kostbare Flasche torfigen Single Malt, sondern auch Ihre Freunde überlassen. Egal wie, der Aufwand lohnt sich nie. Laden Sie den Sprengmeister das nächste Mal einfach auf gar keinen Fall ein, er kommt sowieso von allein wieder.

Der »Journalist«

Auf der Beerdigung einer entfernten Verwandten sitzt neben Ihnen der »Journalist«. Während am Kopf des Tisches der tapfer trauernde Witwer aus dem ehemaligen gemeinsamen Leben erzählt, ergänzt und kommentiert der »Journalist« mehr oder weniger flüsternd die seelenvollen Worte und bohrt in investigativem Eifer nach weiteren Skandalen. Sie erfahren Fakten über die Verhältnisse Ihrer Verwandten, die Sie lieber nicht gekannt hätten, und müssen sich gleichzeitig bemühen, die unangebrachten Fragen möglichst diskret zu beantworten. Die einfachste Möglichkeit, dem Journalisten zu entkommen, ist, ihm aus dem Weg zu gehen. Blöd nur, dass man in so einer Runde nicht einfach den Platz wechseln kann. Bewährt hat sich in solch einem Fall, den Journalisten nach jedem seiner Sätze laut und vernehmlich »Wie bitte? Können Sie das bitte noch einmal wiederholen?« zu fragen. Spätestens nach dem dritten wütenden Blick des referierenden Witwers hält auch der Journalist die Klappe.

Die »Hellseherin«

Sehr viel Selbstbeherrschung verlangt einem die meist weibliche »Hellseherin« ab. Während Sie noch versuchen, für ein delikates Thema die passenden Sätze zu finden, unterbricht Sie die »Hellseherin« mit den Worten: »Ich weiß genau, was du sagen willst!« Es folgt eine umfangreiche Suada, die nichts, aber auch wirklich gar nichts mit dem zu tun hat, was Sie gerade sagen wollten. Verstricken Sie sich nun bloß nicht in eine längliche und unfruchtbare Diskussion darüber, ob die Aussagen der »Hellseherin« mit Ihren Gedanken übereinstimmen, sondern unterbrechen Sie sie kurz und knapp mit dem Satz: »Dann erzähl mir doch mal, was ich denke!« Sollte die »Hellseherin« ihre Fähigkeiten trotzdem zum Besten geben, können Sie immer noch hinterherschieben: »Wusste gar nicht, dass ich einen solchen Quatsch zu denken in der Lage sein soll, aber darf ich jetzt mit deiner ungeteilten Aufmerksamkeit rechnen?« Ein allfällig nachgeklapptes »Aber ich höre dir doch zu« kann dann ganz elegant mit »Echt jetzt?« abgebogen werden.

Der »Einsiedlerkrebs«

Wer kennt sie nicht, die liebenswerten Zeitgenossen, gegen die eine Auster eine geschwätzige Quasselstrippe ist? Treffen Sie den Einsiedlerkrebs beispielsweise nach seinem wohlverdienten Urlaub wieder, eilen herzlich auf ihn zu, schütteln seine Hände und fragen:»Wo warst du denn?«, antwortet dieser:»weg!«

Hier hilft nur ein freundliches:»Das bin ich jetzt auch«, um sich vor weiteren wenig aussichtsreichen Gesprächsversuchen zu retten.

Der »Professor«

Der »Professor« ist ein in Ehren ergrauter, den Kindern großen Respekt einflößender Mann. Begegnungen mit ihm gestalten sich meist zu einem profunden Kolloquium über jedes beliebige Thema, welches anzuschneiden man unbedacht genug war. Familienfeiern mit dem »Professor« arten mit schöner Regelmäßigkeit zu einer Vorlesung aus, bei der die Gäste das andächtig lauschende Publikum abgeben dürfen. Der »Professor« ist gebildeter als die Encyclopædia Britannica und Wikipedia zusammen, nur von Unterhaltung versteht er leider nichts. Versuchen Sie erst gar nicht, seinen Redefluss zu stoppen, sondern entfernen Sie sich langsam rückwärtsgehend aus seinem Blickwinkel. Der »Professor« ist so in seinen Vortrag vertieft, dass er Ihr Verschwinden gar nicht bemerken wird. Und er stört sich auch nicht daran, nach einem dreistündigen Vortrag über irgendwelche Ereignisse seiner Vergangenheit allein in einem Saal zu sitzen, der zuvor noch mit 40 Personen bevölkert war.

Der »Missionar«

Gerade noch saßen Sie gemütlich bei einem netten Tässchen Tee oder einem Glas Wein in ein erfrischend belangloses Gespräch vertieft, als plötzlich der »Missionar« in Erscheinung tritt. Er greift ein beliebiges Stichwort auf (»Wo Sie gerade sagen …«, kein Mensch hat davon gesprochen!) und schraubt Ihnen ein Verkaufsgespräch über ein Produkt, die neueste Diät, ein Auto oder sonst irgendetwas von ihm gerade als Nonplusultra Erachtetes ans Knie. Mit einem »Missionar« eine Diskussion zu beginnen führt zu nichts. Bleiben Sie stattdessen einfach stoisch. Sagen Sie vielleicht: »Nein danke, das möchte ich nicht ausprobieren.«

Haben Sie das Pech, eine »Missionarin« zur Mutter zu haben, hilft nur das Erreichen der Volljährigkeit und die sofortige Flucht aus dem Elternhaus. Tröstlich bleibt lediglich, dass die meisten Missionare bereits bei der nächsten Begegnung von etwas ganz anderem überzeugt sind und alles bisher Gepredigte als überholt betrachten.

Der »Platzhirsch«

Der »Platzhirsch« ist meist verheiratet, hat keine Kinder und zeichnet sich dadurch aus, unglaublich reich und wahnsinnig erfolgreich zu sein. Ihn zu erlegen ist eine hohe Kunst.

Sitzen Sie mit ihm zum Beispiel in familiärer Runde zusammen und sprechen ganz harmlos und entspannt über die aktuelle politische Lage, kann es passieren, dass ihn eine These, die konträr zu seinen sorgfältig gepflegten Vorurteilen ist, wild werden lässt. Sofort senkt er die Hörner und fegt in vollem verbalen Galopp auf Sie zu, gewillt, seine Position in der Familie zu verteidigen und dem lästigen Rivalen ein für alle Mal zu zeigen, wo der Hammer hängt. In einer Kette ausgefeilter Argumente versucht er, seine Position mit der Autorität eines Alphamännchens zu verteidigen und die Argumente der anderen zu pulverisieren. Pariert man seine wortgewaltigen Angriffe, wird er persönlich und damit richtig unfair. So weit sollten Sie es nicht kommen lassen. Besiegen Sie den Platzhirsch stattdessen, indem Sie ihn an seiner Achillesferse treffen. Ist er beispielsweise sehr katholisch, kontern Sie, ehe er sich richtig in Rage reden kann: »Das hat heute Morgen Papst Franziskus in Rom gesagt.« Und einen kapitalistischen Großkotz bringt man durch ein »Kann man alles bei Friedmann nachlesen« zum Schweigen.

Der Cohnrat

Das Panoptikum nervtötender Zeitgenossen ist riesig! Trotzdem sind es Mitmenschen, die im Theatro humanum ihre Rolle spielen. Dann lasst uns doch einfach gemeinsam dieses Kabarett genießen!

Lassen Sie sich von Gesprächsrüpeln nicht einschüchtern. Versuchen Sie immer, Ihrem Gegenüber auf Augenhöhe zu begegnen.

Wem biete ich wie und wann und wo das Du an?

»You can say you to me«, sagte die »Birne«, der inzwischen verstorbene Altbundeskanzler Helmut Kohl, zu Maggie Thatcher und sprang damit kopfüber in die Fettwanne! Der Blick der so angeredeten eisernen Lady sprach Bände! Denn erstens bietet ein Herr niemals einer Dame das Du an, und zweitens gibt es das Du so in der englischen Sprache nicht. An dieser Stelle sei auf den fundamentalen kulturellen Unterschied zwischen Briten und Deutschen hingewiesen: Der Brite ist »too polite to be honest«, der Deutsche »too honest, to be polite«.

Hier helfen nur die Sprachmelodie und der Tonfall, um zwischen dem »Sie« und »Du« zu differenzieren, so wie beispielsweise zwischen »Would your Highness kindly condescend to …« und »you blasted idiot!«.

Im deutschen Sprachraum, auch wenn in Deutschland ziemlich lax damit umgegangen wird, sind die Regeln ganz klar, und vor allem im Geschäfts- und im gehobenen Sozialleben mit viel Fingerspitzengefühl zu handhaben.

Wer möchte schon bei der ersten Begegnung mit einer reizenden Dame den irreparablen Eindruck eines ungehobelten Trampels, einer gesellschaftlichen Luftwurzel hinterlassen?

Und so gilt nach wie vor, es bietet das Du an:

- die ältere Dame der jüngeren,
- der ältere Herr dem jüngeren,
- die Dame dem Herrn,
- der Höhergestellte dem Untergebenen.

Dies ist nach wie vor und besonders im diplomatischen Umfeld, in Adelskreisen und bei Akademikern äußerst bedeutsam. Zusätzlich sollte man sein Gegenüber in allen drei Fällen unbedingt mit dem richtigen Titel ansprechen. Im Notfall vorher googeln. Sonst passiert Ihnen, so wie mir neulich, der Fauxpas, dass Sie eine königliche Hoheit nicht als solche erkennen und nicht korrekt ansprechen. Schicken Sie dann ein höfliches Entschuldigungsschreiben. Hoheit wird das huldvoll zu schätzen wissen, Ihnen aber unter Umständen dennoch nur zögerlich verzeihen. Deswegen ist der Lehrstoff am ersten Tag der ersten Woche im ersten Semester jeder Dolmetscher- und Diplomatenschule: Nie, nie, nie, wirklich niemals jemanden mit falschem Titel oder falschem Namen ansprechen. Einfach nicht und auf gar keinen Fall. Denn »Der Mensch besteht aus: Knochen, Fleisch, Blut, Speichel, Zellen und Eitelkeit«, so Kurt Tucholsky. Und Achtung: In Österreich haben auch Beamte Titel.

Die Frage, wer wem das Du anbietet, ist auch in der Welt der Arbeit bei allem Regelwerk manchmal knifflig. Denn wer bietet wem das Du an, wenn zum Beispiel die Untergebene die ältere Dame und der Chef der jüngere Herr ist? Ich denke, das Recht der älteren Dame sticht das Recht des jüngeren männlichen Vorgesetzten. Firmensprech hat gegenüber der gesellschaftlichen Konvention Nachrang.

Was aber, wenn Sie als Mann, berührt von der Schönheit und dem Charme eines bezaubernden weiblichen Wesens, früher nannte man das Liebreiz, den unwiderstehlichen Wunsch verspüren, ihr, der Hinreißenden, das Du anzubieten? Dann entfalten Sie Ihren ganzen Charme, erwähnen Sie, dass Sie sich Ihres Fauxpas bewusst wären, aber Sie sich im Leben nichts sehnlicher wünschen würden, als von ihr, der bezaubernden Sie, das Du angeboten zu bekommen. Sagen wir mal, in nahezu hundert Prozent der Fälle wird dieses Vorgehen zum Erfolg führen. Und wenn nicht, dann war's die Stolze auch nicht wert.

So weit die Regeln, um Sie, verehrter Leser, auf stabilen Kufen sicher über das spiegelglatte Parket der Etikette gleiten zu lassen.

Aber lebt der Mensch wirklich nur, um seine oder anderer Leute Regeln zu erfüllen? Natürlich nicht. Die Regeln sollen Ihnen wie ein Handlauf sein, an dem Sie sich, wenn Sie dessen bedürfen, festhalten können. Denn wie überall im Leben kommt es vor allem auf Ihr Taktgefühl und Ihr Einfühlungsvermögen an. Wie weit und in welcher Situation Sie die Regeln brechen können, bleibt am Ende also Ihrem persönlichen Charme überlassen. Ob Sie sich dann in einer Peinlichkeit befinden oder der gefeierte Held sind, erfahren Sie meist erst viel, viel später.

Wie aber richtig damit umgehen, wenn einem von irgendeinem geistig ungewaschenen Individuum das Du aufgenötigt wird?

Stellen Sie sich dazu folgende Fragen:
Wollen Sie wirklich von diesem Nebochanten für den Rest des Lebens geduzt werden?
Wollen oder müssen Sie auch in Zukunft mit ihm zu tun haben?

Wenn Sie beide Fragen mit »Nein« beantworten können, kontern Sie höflich: »Angenehm, aber ich kann mich leider nicht erinnern, dass Sie und ich schon einmal zusammen Schweine gehütet hätten!«

Damen haben es etwas leichter, ein charmantes »Süß, aber sobald ich mich mit Ihnen duzen will, werde ich es Ihnen gerne anbieten« hält ihnen aufdringliche »Duzer« vom Leib.

Es gibt jedoch Firmen, bei denen es offensichtlich zur »Corporate Identity« gehört, jeden und alles zu duzen. Gut, sind es Schweden, haben sie einfach den Elchtest immer noch nicht bestanden. Das nimmt man hin, aber nicht ernst. Schlimmer wird es in einer Firma, in der man als Mitarbeiter beispielsweise gezwungen wird, sich zu duzen und dabei schreiend orangene Krawatten und Socken zu tragen. Niedlich, wenn die dergestalt Gewandeten nach Feierabend in Frankfurt in den ICE klettern und sich dieser Dekoration coram publico erleichtert entledigen.

Das Du führt im Übrigen nicht zu einem besseren Arbeitsklima, sondern nur dazu, dass Sie Ihren ungeliebten Chef auch noch beim Vornamen nennen müssen. Sind Sie selbst der Vorgesetzte, sollten Sie sich also genau überlegen, wem Sie weshalb das Du anbieten.

Wie also können Sie sich vor solchen Breitseiten auf Ihre Privatsphäre schützen? Am besten in diesem Betrieb nicht arbeiten. Ist das unvermeidbar, hilft es nur, sich starrsinnig zu stellen und konsequent weiter zu siezen. Sie gelten dann zwar als unkollegial und eigenbrötlerisch, haben aber wenigstens Ihre Ruhe.

Ein Du kann das Eis zu Ihren Mitarbeitern brechen und Hierarchien abbauen. Achten Sie jedoch auf Ihre Stimmlage.

Also: Haben Sie Mut, schützen Sie Ihre Privat- und Intimsphäre vor jedem unangenehmen Duz-Angebot. Denn ein bereits angenommenes »Du« wieder zurückzugeben, ist unausweichlich mit Kränkungen verbunden. Lieber ein Du am Anfang freundlich ablehnen, als später damit Wunden zu reißen. Und bedenken Sie immer, ein »Sie Arschloch« fällt dem, der sich Ihnen gegenüber kritisch artikulieren möchte, meist schwerer als ein »Du Arschloch«!

Was aber, wenn Sie in der Duz-Situation nicht Herr Ihrer Sinne sind? Sind Sie beispielsweise schon mal am Morgen nach einer Firmenweihnachtsfeier oder einem ähnlich exzessiven Besäufnis mit einem Riesenkater aufgewacht? Und dämmerte es Ihnen dann langsam, dass Sie nicht nur auf den Tischen getanzt, sondern sich mit Ihrem Chef und der Riege der Abteilungsleiter verbrüdert haben, von intimeren Handlungen ganz zu schweigen?

Was also nun, im Morgengrauen, wobei das Grauen hier wörtlich zu nehmen sein dürfte, des folgenden Tages tun? Jetzt kommt es auf Ihr Takt- und Feingefühl an. Generell gilt, was auf der Weihnachtsfeier passiert, bleibt auf der Weihnachtsfeier. Also, den Chef wieder hübsch siezen und gegenüber den Kollegen, den Kolleginnen keine wie auch immer gearteten Bemerkungen machen, selbst wenn die geile Schnecke vom Empfang ein bomben F...k in der berühmten Besenkammer war. Haben wir uns verstanden?

Eine Ausnahme gibt es: Wenn Sie in der allertiefsten süddeutschen Walachei leben, dort, wo sich Fuchs und Hase schon vor Stunden gute Nacht gesagt haben, also irgendwo südöstlich von München halt, können Sie diesen »Floskelkram« direkt wieder vergessen, denn hier spricht sich jeder, inklusive der Kleinkinder, mit Du an. Nicht weil die da besonders respektlos sind, sondern weil es zur Natur des Dialekts gehört. Aber burschikos und respektlos, wie es auf diesen ersten Blick scheinen will, ist man auf dem Land deswegen noch lange nicht. Die Differenzierung ist vielmehr etwas subtiler. Fragte die Bäckersfrau: »Hinterleitnerin, was griagscht'n heid?«, würde das ins Hochdeutsche etwa so übertragen werden: »Frau Bäuerin vom Hinterleitnerhof, was darf ich Ihnen heute geben?« Niemals würde die Hinterleitnerin mit dem Vornamen angeredet werden. Das ist höchstens gegenüber der Magd erlaubt.

In diesem Sinne hoffe ich, Sie, geneigte Leserin, freundlicher Leser, erschöpfend an die Hand genommen zu haben, um Sie in Zukunft sicher alle Klippen und Untiefen gesellschaftlichen Fahrwassers umschiffen zu sehen. Viel Glück.

Der Cohnrat

Beachten Sie, dass es im Geschäftsleben äußerst empfehlenswert ist, sich in den Anrede-Gepflogenheiten Ihres Gastlandes auszukennen. Sonst wirken Sie noch so unbeholfen wie ein Breitfußtrumpeltier (besser bekannt als Amerikaner).

Schreib mal wieder

Zum Teufel, ich habe festgestellt, dass wir Nachrichten, Glückwünsche, ja sogar Einladungen und Kondolenzbekundungen nur noch in Form von WhatsApp, Mail oder Facebook verschicken. Hauptsache schnell, meist inhaltsleer und eher schlampig verfasst. Wen kümmern Rechtschreibung und Satzzeichen? Sie erinnern sich, das sind diese kleinen Striche, Punkte und Anführungen. Es ist schon fast ein Wettbewerb, wer am kürzesten kann. Nicht dass wir uns falsch verstehen. Im Berufsalltag kommt man ohne die gute alte E-Mail gar nicht mehr aus. Man wird geflutet von schneller, knapper und vor allem nüchterner elektronischer Post, die teilweise so nachlässig verfasst ist, dass einen das kalte Grausen befällt. Diese Geisel der Neuzeit vernichtet eine Menge an wertvoller Zeit, und wer geschäftliche Probleme und Konflikte mit ihrer Hilfe lösen will, hat das Wort Desaster auf seiner Stirn schon eingebrannt. Eine Kommunikation von Angesicht zu Angesicht wird immer rarer. Gehören Sie auch zu der Klientel, die im Büro über Mail kommuniziert, obwohl der Gesprächspartner gerade mal eine Tür weiter sitzt?

Wie dressierte kleine Affen starren wir mindestens alle drei Minuten auf unsere Textnachrichten, Mails und Social-Media-Accounts. Um den Stand der Gehirnerschütterungen klein zu halten, müssten heutzutage eigentlich sämtliche Straßenlaternen demontiert werden. Denn eine beachtliche Anzahl an Trotteln läuft wie hypnotisiert dagegen. Doch eher wird man Manschetten in Warnfarben entwickeln, als vom Straßenverkehrsteilnehmer eine aufrechte Haltung zu fordern.

Eigentlich sollte unser Gehirn irgendwie beleidigt sein, wenn man bedenkt, wie sehr wir es unterfordern. Wir bleiben mit den heutigen Kommunikationswegen aus meiner Sicht emotional und geistig weit unter unseren Möglichkeiten.

Unser Wortschatz wird zunehmend gestrafft und mit Anglizismen gespickt auch an Stellen, wo ein gutes Wort in der eigenen Sprache zur Verfügung steht. Wir befinden uns im Land der Abkürzungen, die irgendwelche Grammatikwilderer ganz eindeutig mit dem hinterhältigen Ziel erfunden haben, ganze Wörter auszurotten.

Auch im Digitalzeitalter können Sie stilvoll kommunizieren.
Trotzen Sie der Verrohung durch Facebook und Twitter.

Vor nicht allzu langer Zeit bedeutete »eine Nachricht schicken« noch »einen Brief schreiben«, und zwar im guten, alten Handbetrieb. Wissen Sie, wie herrlich das klingt, wenn man Papier mit der Hand beschreibt? Wenn die Buchstaben mit Schwung auf das Papier gleiten? Wenn Worte in einem tiefen, nachtblauen Tintenton aus dem Füllfederhalter heraustropfen wie der Morgentau aus dem Kelch einer Blüte?

Ein leeres Blatt, das erwartungsvoll und geduldig vor uns liegt und ein Füllfederhalter sind die Verbündeten, die wir brauchen, um gefederten Schrittes ein neues Empfinden einzuläuten. Briefe zu schreiben ist die herrlichste Art, mit Zeit verschwenderisch umzugehen, weil man sich selbst und anderen Menschen Gutes tut. Briefe könnte man an die Börse bringen, denn ein von Hand geschriebener Brief ist wie ein Wertpapier. Schaffen Sie sich ein eigenes Depot und animieren Sie andere dazu.

Kaufen Sie als Erstes Briefpapier, das farblich und haptisch zu Ihnen passt. Wohlgestaltetes Papier anzufassen ist eine sehr sinnliche Erfahrung. Suchen Sie in aller Ruhe einen Füllfederhalter, der Ihnen wie ein Handschmeichler in den Fingern liegt. Es ist nicht wichtig, für welche Marke Sie sich dabei entscheiden, lassen Sie sich Zeit, probieren Sie aus, denn der Stift sollte Ihr bester Freund werden und Sie begleiten auf dem Weg in ein taufrisches Zeitalter, in dem Sie zur Feder greifen, um romantische und wirkungsvolle Zeilen in Ihrer schönsten Schrift auf Bütten oder anderes Papier zu bringen.

Stellen Sie sich vor, wie sich der Empfänger Ihres handgeschriebenen Werkes beim Lesen fühlt: verstanden, geschätzt, begehrt oder gar verachtet? Es liegt an Ihnen. Seien Sie intensiv, ehrlich und leidenschaftlich. Dann kommt die Inspiration von allein. Fangen Sie ruhig von vorn an, wenn Ihnen nicht behagt, was da so aus Ihnen herauskommt. Sie können dann auch eine

Pause einlegen und im Park, im Supermarkt oder im Wald (vorausgesetzt, es ist einer in Ihrer Nähe) mäandern. Ich persönlich schreibe mir manchmal die Finger für den Papierkorb wund und mache dann, nach erfolgreichen Spaziergängen, vergnügt und voller neuer Gedanken weiter. Die schönsten Briefe sind mir so gelungen. Meine Lebensgefährtin meint sogar, ich wäre, seit ich Briefe mit der Hand schreibe, erheblich ausgeglichener.

In diesem Sinne und mit dem Ausdruck vorzüglicher Hochachtung

Ihr William Cohn

> **Der Cohnrat**
> Gerade erhielt ich von meinem 89-jährigen Vater einen handschriftlichen Brief! Dass er nach seinem Schlaganfall kaum schreiben kann, hat ihn nicht daran gehindert, seinem Sohn eine Liebeserklärung zu machen. Nie habe ich einen schöneren Brief bekommen.

Auf ein Wort (zu viel)

Für mich sind Buchstabenaneinanderreihungen einfach galaktisch. Ich liebe und lebe Sprache, das gesprochene genauso wie das geschriebene Wort. Buchhandlungen verlasse ich niemals ohne einen gedruckten Neuerwerb unter dem Arm, in der Bahn linse ich stets in die Zeitung meines Sitznachbarn, und im Bett träume ich vom Film »Nachts in der Stadtbibliothek« mit mir in der Hauptrolle.

Ja, Bücher sind meins. Und wer meint, nur weil ich am Eingang des »Berghain« nicht mehr nach meinem Ausweis gefragt werde und Achtzigerjahre-Gedenkpullover trage, stoße ich mich an modernen Lese-Gadgets, der irrt. E-Reader oder Tablet-Computer – alles fein für mich, auch wenn ich zugeben muss, dass es mir äußerst schwerfällt, mich der Haptik eines Buches zu entziehen. Ich mache Bücher grundsätzlich zu meinen Büchern, indem ich in ihnen arbeite, ständig ankreuze, Passagen markiere, Notizen hinzufüge und Eselsohren reinknicke. Cohnsche Bücher sind daher nicht verleihbar, das wäre für Dritte nicht zumutbar und auch zu privat.

Aber auch vom gesprochenen Wort bin ich Fan. »Auf ein Wort« – diese Redewendung lässt eine vorfreudige Gänsehaut über meinen Rücken ziehen. Was folgt, sind meist zugespitzte Gespräche, voll diskutabler Ansichten, ein auf ein Minimum reduzierter, dennoch hochqualitativer Informationsaustausch ohne viel Chichi. Leider sind diese Art Gespräche heute selten geworden.

Selbst die angesagte Spezies der Minimalisten spart offenkundig an Kleidung und Einrichtungsgegenständen, aber nicht an Wörtern. Stattdessen schreiben sie 500-Seiten-Bücher, bestücken täglich ihren YouTube-Kanal mit minutenlangen Videos, erklären in einem einstündigen Podcast, wie sparsam heute ihre Morgentoilette ausgefallen ist und dass sie noch zwei »Entleerungen« abwarten werden, bevor sie spülen. Toll!

Wo selbst schon Minimalisten scheitern, scheitert eine ganze Gesellschaft. Wir werden zugetextet! Sprechdurchfall herrscht allenthalben. Es wird geredet, geschwafelt, gelabert und das mittlerweile überall, nonstop und von jedem. Selbst aussortierte Stars und Sternchen, die jahrelang schwiegen, können sich im feuchten Dickicht des Dschungels ihrer Logorrhö hingeben und ein ganzes Land dran teilhaben lassen. Wie's gefällt, darf gevotet werden. Fair enough!

Unfair enough ist indes die Tatsache, dass ganz gleich, wo ich raste oder roste, sich immer einer zu mir gesellt und drauflosquatscht. Ich habe mich schon mit professioneller Unterstützung gefragt, ob das an mir liegen könnte. Vielleicht gucke ich zu freundlich. Vielleicht ist es mein beeindruckendes Aussehen, mein betörender Duft, meine imposante Erscheinung? Aber nein, auch alle anderen geraten in die Hände eifriger Menschenfänger, die einen gewinnen möchten für Zeitungsabos, seltene Handcremes aus dem Toten Meer oder eine bestimmte Partei. Und da sich kein Gericht berufen fühlt, dieser unfreiwilligen Kommunikationspenetranz Einhalt zu gebieten, müssen wir uns dem anhaltenden Sprechreiz aufdringlicher Zeitgenossen anders entziehen. Keine Angst, ich lasse Sie nicht im Wortschwall spürbar feuchter Aussprache stehen, sondern gebe Ihnen ein äußerst effektives Mentaltool an die Hand: den »Durchzug«. Wenn Sie das nächste Mal zugeschwallt werden, konzentrieren Sie sich einfach mit aller Macht auf etwas anderes. Sie können sich beispielsweise folgende Fragen beantworten:

- Was esse ich morgen zu Mittag?
- Was war zuerst da: Huhn oder Ei?
- Wenn Zug A mit einer Geschwindigkeit von 100 km/h in 3 km Entfernung auf Zug B zufährt, der wiederum eine Geschwindigkeit von 120 km/h hat, wann treffen sich die beiden?

Ein phänomenaler Move, um dem Gelaber zu trotzen und sich sanft fallenzulassen im Rausch der um einen herumwirbelnden Worte. So überstehen Sie übrigens auch Meetings oder Mitarbeiterversammlungen. Denn – und da mag ich Ihnen, liebe Leser, sicherlich aus der Seele sprechen – bei den meisten Besprechungen geht es mehr um die Laberzirrhose eines Einzelnen als um wirklich konkrete Inhalte für alle. Das raubt Zeit, die wir mit Wii spielen, Spam-Mails schreiben oder Knetsand-Massagen sinnvoller verballern könnten. Während solcher Veranstaltungen können Sie den »Durchzug« zur Perfektion steigern. Lenken Sie die Aufmerksamkeit auf Ihre inneren Bilder. Ich stelle mir zum Beispiel immer gerne vor, dass ich unzenweise Gold gekauft habe und sich der Wert über Nacht verdreifacht hat. Alles ist mit einem Mal mit Gold überzogen: mein Pult im Neo Magazin, Jans Schreibtisch, die Zuschauer. Jan kann vor lauter Gold gar nicht mehr sprechen, und ich habe einen eigenen YouTube-Kanal, für den ich eine »Goldene Kamera« gewinne, und immer wenn ich den Mund öffne, um zu sprechen, fallen Goldmünzen heraus. Herrlich.

Besprechungen bieten sich aber nicht nur für die imaginäre Egostärkung an, dank modernster Technik lassen sich bei jedweder Zusammenkunft auch dringende formale Dinge erledigen. Schauen Sie sich nur mal eine Bundestagssitzung an. Wenn nicht

wieder mal 'ne Trauerminute stattfindet, herrscht da digitales Sodom und Gomorrha. Wirklich kein Hahn kräht heutzutage mehr danach, wenn die Zuhörer während eines Vortrags auf ihren Smartphones oder Tablet-Computern rumhacken. Für viele ist es also nur legitim, während einschläfernder Besprechungen wichtige E-Mails zu versenden. Das Internet lädt zu einem kleinen Shoppingausflug ein, oder man schaut schnell auf Facebook, was die anderen Kollegen im Meeting so posten.

Ist Technik wider Erwarten verboten, bietet sich das handschriftliche Verfassen von Einkaufs- oder To-do-Listen an, und der ein oder andere entdeckt vielleicht den Cartoonisten in sich.

Sie merken, so ein »Meeting« eröffnet uns eine ganz neue Welt, aus der wir nicht verschwinden müssen, solange uns der Sprecher nicht enttarnt. Wie kann das funktionieren?

Die Kunst ist es, gelegentliche Wortfetzen wahrzunehmen, um im Falle eines Falles zu reagieren. Übung macht hier den Meister.

Es ist außerdem unerlässlich, dem Redner permanent den Eindruck zu vermitteln, man folge ihm hochkonzentriert, wohlunterhalten und durchaus mehr als angeregt. Dafür empfehle ich Ihnen, mit einem standardisierten Lächeln auf den Lippen die Nasenwurzel des Redners anzuvisieren und ihm im 10- bis 15-Sekunden-Takt leicht zuzunicken. Und obwohl die menschliche Aufmerksamkeitsspanne die eines Goldfischs unterbietet – er

schafft 9, wir nur 8 Sekunden – scheint es, als könnten Sie stundenlang andächtig zuhören.

Ist aber der Redeschwall verebbt, sollten Sie Ihre gechillten Sinne schleunigst wieder hochfahren und sich den letzten Satz des Redners noch mal in Erinnerung rufen, um im Falle einer spontan gestellten Frage reagieren zu können.

Falls das nicht gelingt, gibt es probate Standardfloskeln, die immer greifen, egal was gerade von wem gesprochen wurde. Zum Beispiel ein etwas nachdenklich formuliertes, von einem optimistischen Nicken begleitetes: »Ja, das ist ein guter Punkt.« Oder: »Das wird sich wohl noch zeigen müssen. Wie stehen Sie denn zu ...?« Hier folgt dann die Überleitung zu einem komplett anderen Thema, um jeglichen Verdacht zu verwischen, Sie wären unkonzentriert gewesen. Glauben Sie mir: Diese verbale »Wischtechnik« funktioniert immer. Und wer Sie schätzt und weiß, was Sie sonst auf dem Kasten haben, würde Sie niemals verdächtigen, nicht zugehört zu haben. Niemals!

Die Champions League ist allerdings, Sie ahnen es, die sogenannte Eins-zu-eins-Situation, in der wir eine ungeteilte Aufmerksamkeit vorgeben müssen. Eherne Regel für diesen Fall: Sie dürfen die monologisierende Ausschweifung Ihres Gegenübers niemals unterbrechen! Laufen lassen. Immer. Egal wie intensiv der Schwall auch ist. Kommt Ihr Gegenüber ins Stocken, müssen Sie mit einem schlichten, aber bejahenden »Hmmhhmm« reagieren, wodurch der Redner zurück in die Spur gesetzt wird und seinen Gedanken fortsetzt. Denn in diesem Augenblick sind Sie Werkzeug für seine Selbstvergewisserung. Sie hören zu, also existiert er.

Das heißt aber nicht, dass Sie auch zuhören müssen. Was habe ich während solcher Laberattacken an spektakulären Reisen geplant: Borkum 92 oder Hurghada 01 mit 543 Farbfotos von der

Hotelanlage in 9x13 cm. Ich habe Entscheidungen fürs Leben getroffen: Ich bleibe mit ihr zusammen – oder ich trenne mich von ihr; ich wechsle nicht nur das Waxing-Studio, sondern außerdem von der Bühne auch mal ins Fernsehen. Und Sie sehen – es klappt! Keine Haare am ganzen Körper.

Der Cohnrat

Am Anfang war das Wort und nicht das Geschwätz! Merkt euch das!

Vom Umgang mit Rüpeln und Vollpfosten

Ich liebe die Menschen für ihre betörenden Macken, für ihre Schönheit und Fehler und für ihre »Schönheitsfehler«! Doch es gibt so einige Schlawiner, die machen es mir mit dem Ausleben meiner Nächstenliebe wirklich schwer.

Es gibt Orte auf der Welt, an denen ich von Herzen gerne bin. Als Schauspieler auf der Bühne und als dankbarer Freund und Konsument köstlicher Speisen in guten Restaurants und kleinen, feinen Cafés oder in meiner gemütlichen, wohlsortierten Küche. Um in Letzterer nicht zu darben, sondern galant den Löffel zu schwingen, ruft es mich in regelmäßigen Abständen zum Dealer meiner Wahl – einem Feinkostladen mit frischem Bioobst und -gemüse direkt ums Eck. In nicht viel geringeren regelmäßigen Abständen verlangt aber auch der Dealer meines Grauens einen

Besuch: der XXL-Supermarkt mit Neonlicht, Gängen so breit wie der Amazonas und Durchsagen wie: »Aufgepasst und zugefasst: Das 100-Gramm-Hackfleisch – halb und halb – heute für nur 99 Cent.« Wer schlägt da nicht gerne zu: In der Sonne liebevoll geröstetes Pferdefleisch, per Lastwagen von Tschernobyl hierhertransportiert. Hut ab und Nase zu! 10 Kilo, bitte, direkt auf die Hand!

In diesen, mich stets heillos verwirrenden Happa-Happa-Tempel lockt mich lediglich die Not, das dringende Bedürfnis nach Küchenrolle, Staubsaugerbeuteln oder Tiefkühlkresse. Die ist bei meinem Bio-Fredel des Vertrauens nämlich leider ständig vergriffen, wenn ich auf Beutezug bin. Und so betrete ich den bunten Kosmos »Supermarkt« – wissentlich, dort mehr zu irren statt zu finden. Nach einer Odyssee strande auch ich irgendwann an der Kasse. Nun geht es dort zu, Sie wissen das sehr genau, wie beim Roulette. Die erste Herausforderung lautet: Finde die Kasse mit der kürzesten Schlange und zugleich der besten Aussicht, den Laden schnell wieder zu verlassen. Doch darauf lassen kurze Menschenreihen nicht zwingend schließen. Sie können auch Indiz sein für das Unvermögen des Kassierers, dem Tempo seiner Kollegen standzuhalten. Wer mitbekommt, wie mühsam er jede einzelne Zahl des Registriercodes, der wundersamer Weise leider nicht vom Scanner erkannt wurde, eintippt, stellt sich schnell an einer anderen Kasse an – und so ist die Schlange des unvermögenden Kassierers trügerisch kurz. Wie so oft falle ich darauf herein!

Auch ansonsten ist es mirakulös: Bei zwei geöffneten Kassen votiere ich grundsätzlich für die langsamere. Ich ziehe sie förmlich an, wie den kreisrunden Haarausfall trotz arschteuren Koffein-Shampoos.

Folglich reihe ich mich geduldig ein, spreche ein Mantra, übe ohnehin auswendig zu lernende Texte und harre der Dinge. Dann plötzlich passiert es. Die Rumpfbirne hinter mir stützt sich ge-langweilt mit verschränkten Armen auf den Einkaufswagen und schiebt, ohne nach vorn zu gucken, sein Gefährt langsam, aber zielstrebig in meine Hacken, und zwar knapp über den Abschluss des Schuhrands, sodass die spitze Metallleiste direkt in mein dünnhäutiges Sehnenfleisch schneidet. Ich vernehme ein genu-scheltes »'tschuldigung«, noch bevor ich mich schmerzverzerrt umdrehe. Am liebsten möchte ich rohe Gewalt anwenden oder den Rüpel zumindest verbal in die Schranken weisen, doch was kommt von mir? Ein gesäuseltes »Ach, ist schon okay!«.

Das Ergebnis von fünfzig Jahren Deeskalationstraining durch dauerhafte Selbstreflexion und gelebter Toleranz. Die UNO-Trup-pen könnten von mir echt was lernen. Und der amerikanische Präsident sowieso.

Denn niemand, wirklich niemand, zweckentfremdet einen »Drahtboliden«, um anderen bewusst eine Verletzung zuzufü-gen. Es kann sich also nur um ein Versehen, einen Patzer – oder wie es gerne ungeschönt heißt – »menschliches Versagen« han-deln. Und darin, lieber Leser, liegt doch ein sehr liebenswerter und charmanter Aspekt unserer Persönlichkeit – wir sind nicht perfekt! Und solange der gute Cohn – Verzeihung: Ton – bei solch einem Missgeschick gewahrt wird, der Schieber sich beim Ge-schobenen höflichst entschuldigt, ist doch alles gut. Und ist es mal ein ungehöriger Rüpel, der kein leises »Sorry« über die Lip-pen bringt, beschränken Sie sich auf einen höflichen Rat, derarti-ges in Zukunft zu unterlassen.

Ansonsten rate ich Ihnen, präventiv zu arbeiten. Bei einem sich anbahnenden Auffahrunfall können Sie verbale Hinweise streuen: »Wären Sie bitte so freundlich, ein wenig mehr Abstand zu wahren, ich befürchte, Sie könnten mir in die Hacken fah-ren!?«

Dagegen kann niemand etwas einwenden und wird zurücksetzen. Und wenn Sie ganz sichergehen möchten, bringen Sie sich erst gar nicht in Gefahr und wechseln die Position. Wer sagt denn, dass man hinter seinem Einkaufswagen stehen muss? Stellen Sie sich davor! Eine äußerst raffinierte Taktik, die bislang nur wenige anwenden. Auf diese Weise können Sie nur von Ihrem eigenen Einkaufswagen überfahren werden, und das dürfte ein sehr schwieriges Unterfangen werden.

Und jetzt folgen Sie mir doch bitte einmal kurz ins Separee – hier entlang. Bitte machen Sie die Tür zu. Danke! Auch der gute Cohn empfindet, wenn auch selten, ab und an so etwas wie Rachegefühle. Sollten Sie mehrfach Unfallopfer desselben Hintermannes werden, dürfen Sie diesem durchaus mit Verzögerung eins auswischen. Legen Sie Ihre Waren beim nächsten Kassengang einzeln und im Schneckentempo direkt an den Anfang des Fließbands, sodass Ihre Triumphfahrt den Hintermann daran hindert, seine eigenen Einkäufe aufs Band zu legen. Verpacken Sie sie anschließend minutiös und Stück für Stück in Ihrem Jutesack. Genießen Sie dabei den Anblick des rot glühenden Antlitzes hinter Ihnen, das genervte Schnaufgeräusche von sich gibt.

Neben Supermarktrüpeln gibt es leider zahlreiche andere Vollpfosten. Stellen Sie sich zum Beispiel folgende Situation vor: Sie sind exorbitant gut drauf, haben eine Laune, dass es kracht, und dann, aus heiterem Himmel, taucht ein Vollpfosten auf und schnappt Ihnen am Kiosk Ihres Vertrauens unter Einsatz seiner Ellenbogen die letzte Süddeutsche vor der Nase weg. Ihren scharfen Blick quittiert er mit einer Beleidigung vom Feinsten, und Ihnen fällt mal wieder nix ein, was Sie dem Lutscher direkt um die Ohren hauen könnten. Kommt Ihnen das bekannt vor? Das ärgert einen bis in die coolen Socken, zumal einem drei gefühlte Minuten später die schlagfertigsten Satzgarnituren einfallen.

Wie geht man mit solchen Idioten um, ohne die Contenance zu verlieren oder ebenso prollig zu wirken? In derartigen Situationen empfehle ich Folgendes. Während Sie mental auf Schnellfahndung nach einer schlagfertigen Antwort sind, reagieren Sie äußerlich gelangweilt: »Bitte, wie war das? Ich habe Sie nicht verstanden.« Das hat den Vorteil, dass diese inferiore Knalltüte sich nochmals wiederholen muss, sonst verpufft seine Beleidigung wirkungslos. Da er aber Wert darauf legt, gehört zu werden, ist das Ihr Sprungbrett, um sich Luft für einen gepflegten Konter zu verschaffen. Wenn Sie nicht zu der schlagfertigen Abteilung gehören, dann überlegen Sie sich generell ein paar Notfallsprüche, die Sie bei zukünftigen Angriffen aus der mentalen Jackentasche holen. Adaptieren Sie zum Beispiel Maxim Gorki: »Nach einem Zusammentreffen mit Ihnen habe ich das Verlangen, einen Hund zu streicheln, einem Affen zuzunicken oder vor einem Elefanten den Hut zu ziehen.« Oder:»Sie sind keineswegs unnütz, Sie können immer noch als schlechtes Beispiel dienen.«

Und den liebe ich besonders: »Das Einzige, mein Lieber, was Sie erträglich macht, ist Ihre Abwesenheit.«

Glauben Sie mir, alle universell und nachhaltig auf beiderlei Geschlecht anwendbar.

Der Cohnrat

Was haben Vollpfosten, Vollhonks, Vollkoffer, Volltrottel und Hunde gemeinsam? Man kann wunderbar mit ihnen spielen! Sie müssen nur nicht immer mitspielen.

Zur Vertiefung

Und jetzt schauen wir mal, wie gut Sie aufgepasst haben, Sie Fuchs. Kreuzen Sie die richtige Antwort an oder schreiben Sie sie hinzu.

Wie kommen Sie am schnellsten durch die Kasse im Supermarkt?

A) Sie stellen sich in die Nähe der Kasse und brüllen laut und wiederholt: »Feuer!«

B) Sie warten so lange vor einer geschlossenen Kasse, bis eine männliche Kassiererin kommt und die Kasse aufmacht.

C) Sie stellen sich in der linken Schlange, in der nur Paare mit vollen Einkaufswagen stehen, an, damit Sie Ihr Mantra endlich auswendig aufsagen können!

D) _____

_____

_____

_____

_____

_____

Was machen Sie, wenn Ihnen ein Fremder im Supermarkt mit dem Einkaufswagen in die Hacken fährt?

A) Aufbrausen und den Hintermann lautstark und übel beschimpfen.

B) Sich in christlicher Nächstenliebe üben, den Hintermann anlächeln und süßsäuerlich säuselnd sagen: »Das macht doch gar nichts.«

C) Den Hintermann freundlich lächelnd vorlassen, drei Schritte zurückgehen, Anlauf nehmen, mit voller Fahrt in seine Hacken krachen und dann sagen: »Oh, entschuldigen Sie bitte vielmals, ich bin leider ausgerutscht.«

D) _____

_____

_____

_____

_____

_____

_____

GUTES BENEHMEN IM WORLD WIDE WEB

Über den korrekten Umgang mit Ihren Daten

Authentizität ist im Netz zum wichtigen Credo geworden. Dies hat keine hehren, moralischen Hintergründe, sondern, wer hätte es gedacht, ausschließlich wirtschaftliche Gründe. Unternehmen ziehen über Nutzerdaten Rückschlüsse auf echte Menschen und Personen. Sie sind eine neue Währung und äußerst profitabel.

Und genau deswegen sollten Sie sich gegen diese Datenfresser wehren. Seien Sie hemmungslos unauthentisch! Bestellen Sie, liken Sie, posten Sie widersprüchlich. Sie haben sich bei Amazon Schopenhauer gekauft? Bestellen Sie das Buch von Atze Schröder dazu. Sie liken auf Facebook einen feministischen Blog? Werden Sie zusätzlich Fan von Horst Seehofer. Googeln Sie an einem Tag nach Hochzeitskleidern und am nächsten nach Scheidungsanwälten. Lassen Sie sich nicht an die Angel nehmen und durchleuchten, auch wenn es ach so praktisch ist, von Zalando nur passende Schuhe gezeigt zu bekommen.

> **Der Cohnrat**
> Ihre Daten sind nahezu das Kostbarste, was Sie haben!
> Also hüten Sie sie wie den sprichwörtlichen Augapfel!

Ein Shitstorm ereilt Sie meist plötzlich und heftig.
Hier ist guter Rat teuer.

Richtiges Verhalten im Falle eines Shitstorms

Im Internet weiß keiner so recht, ob sein Gegenüber ein ausgeglichener Homo sapiens, ein verrückter Hund, eine Knalltüte, ein Irrer oder Hans Meiser ist. Wer hinter dem Screen lauert, ist kaum auszumachen. Dieser cyberutopische Gedanke, dass wir virtuell sein können, wer und was wir wollen, wird in zahllosen Online-Games genutzt und gelebt. Das bedeutet aber auch, dass niemand mehr weiß, wer der andere wirklich ist, und dass wir uns im Schutz der Anonymität benehmen können wie die letzten – Verzeihung – Arschlöcher. Netzromantiker (ja, die gibt es), die hehre moralische Gründe für Besserung predigen, werden wenig bis gar nicht gehört.

Eine tsunamimäßige Welle an oft künstlicher Empörung und anhaltendem Hass kann mittlerweile jeden treffen, der unbedarft im Netz herumpostet. Schnell verselbstständigt sich so ein Shitstorm und entfernt sich vom eigentlichen Kern. Kommentar um Kommentar zischt wie eine Gewehrkugel an einem vorbei. Es fühlt sich nicht nur an wie Krieg, es ist Krieg. Innerhalb einer Gruppe fühlt sich der meist anonyme User stärker und passt seine verbalen Schläge der allgemeinen Stimmung an. Selbst unter Klarnamen kann man sich so Verhör verschaffen, ohne Stellung beziehen oder fundierte Argumente bringen zu müssen. Die Hasstiraden steigern sich im Schneeballeffekt! Oder sollte man das in Zukunft besser Trump-Effekt nennen?

Ist es möglich, solch eine Lawine aufzuhalten und ihr standzuhalten? Eine fiese Gegenattacke zu reiten ist hier ein nachvollziehbarer, doch von vornherein zum Scheitern verurteilter Impuls. Sein Sie stattdessen krativ: Instrumentalisieren Sie den Shitstorm zu Ihren Gunsten.

Richtig gut gelungen ist das einem Kekshersteller in den USA. In einem Video warb die Firma mit dem Slogan: »Das ist gesund«. An sich ist das auch für Trump-Wähler noch kein Grund, sich aufzuregen. Wären in dem Video nicht Familien zu sehen gewesen, die nicht dem klassischen Bild entsprachen: Eltern mit verschiedenen Hautfarben, homosexuelle Paare, Alleinerziehende mit Kindern.

Die Folge: Eine riesige Hasswelle rollte über den Keksfabrikanten hinweg. Die Firma bat daraufhin zwei Künstlerinnen, aus den Ausdrucken aller diffamierenden Posts etwas Neues zu schaffen. Sie formten daraus das Wort LIEBE. Natürlich ließ die clevere Marketingabteilung der Firma ein Werbevideo zu der Aktion drehen. Und so verhalfen die Hasstiraden dem Keksproduzenten letztlich, noch erfolgreicher zu werden.

Der Cohnrat

Ein Shitstorm ist wie Durchfall: Wenn's läuft, dann läuft's! Aber selbst der größte Scheißer hat sich mal entleert. Und wer gibt sich schon mit solchen Fäkalathleten ab!

Kann man auch im Feinrippunterhemd ein Gentleman sein?

Bruce Willis machte bei seinen Vernichtungsfeldzügen in *Stirb langsam* ganze Häuserblocks mit den sich darin befindlichen Schurken dem Erdboden gleich und trug dabei ein Feinrippunterhemd. Zumindest bis zum letzten Film.

Ich darf meine Abgeordnete nicht »Breitarschantilope« nennen!

▶ Benutzen Sie keine Schimpfwörter in Sozialen Medien.

Das Feinrippunterhemd sei zu sexy, sagte er einem Journalisten auf Nachfrage, warum er nun ein grünes T-Shirt trug. YIP-PIE-YA-YEAH Schweinebacke ...

Aber kann man im Feinrippunterhemd auch ein Gentleman sein? Prinzipiell gilt: Man kann! Ein Gentleman ist in jeder Lebenslage ein Gentleman. Auch wenn er im Feinrippunterhemd vor dem PC sitzt und sich in den Weiten des World Wide Web tummelt. Leider beißt sich hier aber die Katze in den Schwanz. Denn natürlich weiß der Gentleman, dass es sich niemals geziemt, sich in derartiger Bekleidung den Blicken anderer auszusetzen oder auch nur mit ihnen in Kontakt zu treten, beispielsweise per Skype oder über Facebook.

Ihr Kommunikationspartner mag Sie vielleicht nicht zwangsläufig sehen, aber er hört Sie! Und wie hört sich Feinripp an? Schlampig! Schlimmstenfalls ungewaschen. Seit ich an mir beobachten konnte, wie sich mein Denken und meine Sprache in Tonalität, Ausdruck und Subtext meiner Kleidung anpassen, ziehe ich mir auch vorm PC wenigstens eine gute Hose und ein frisch gebügeltes Hemd an. Klingt vielleicht ein klein wenig übertrieben, hat aber Sinn.

Eine Dame mag in weinroter Spitzenunterwäsche unter dem seidenen Morgenmantel und hübschen Hausschuhen an den pedikürten Füßchen angemessen angezogen sein. Da können wir Männer leider nicht mithalten, nicht einmal in weinroter Spitzenunterwäsche.

Ein Gentleman ist also immer dem Anlass entsprechend gekleidet. Und je nachdem gehen Socken da ganz und gar nicht!

Im Feinrippunterhemd hat schon so mancher Gentleman sein gutes Benehmen vergessen. Bewahren Sie sich vor solchen Situationen und setzen Sie sich stets tadellos gekleidet vor Ihren PC.

169

Zur Vertiefung

Und jetzt schauen wir mal, wie gut Sie aufgepasst haben, Sie Fuchs. Kreuzen Sie die richtige Antwort an oder schreiben Sie sie hinzu.

Wenn Sie versehentlich einen Shitstorm ausgelöst haben, dann

A) bitten Sie den BND oder das BKA um eine neue Identität und um Vernichtung Ihrer bisherigen.

B) pöbeln Sie auf jeden Post und Tweet mit mindestens 80 »!« zurück.

C) lesen Sie die letzten 50 Tweets von Donald Trump und adaptieren sie für Ihre Zwecke

D) _____

_____

_____

_____

_____

_____

Während Ihnen der »Shit« so richtig um die Ohren fliegt,

A) verfallen Sie in eine tiefe Depression und werden Alkoholiker.

B) trösten Sie sich mit der Erkenntnis: »Es ist unwichtig was sie reden, Hauptsache, die Leute reden über mich.«

C) beauftragen Sie die beste Ihnen bekannte Werbeagentur mit einer positiven Imagekampagne und werden Klickmillionär bei Twitter und Facebook.

D) _____

_____

_____

_____

_____

_____

_____

VOM LEBEN MIT DEM ANDEREN GESCHLECHT

Verhalten Sie sich stets wie eine Lady, auch als ehemalige Olympionikin im Kugelstoßen.

Die Genderfalle oder der Kampf der Geschlechter

Begegnete mir neulich ein Mensch, der/die es sich verbat, auf sein/ihr Geschlecht reduziert zu werden. Fragte ich ihn/sie, was er/sie denn nun sei, Männlein oder Weiblein, sagte er/sie: nichts, meinte ich: zu nichts habe ich nichts zu sagen, und ließ ihn/sie stehen. Die Beziehung zwischen Mann und Frau, Mann und Mann und Frau und Frau ist schon kompliziert genug, da haben uns die Neutrümmer, äh Neutra, gerade noch gefehlt!

Dabei ist die Geschichte im Grunde genommen relativ einfach.

Die Natur hat sich ein größeres und meist recht reizvolles Repertoire an Lockmitteln und Methoden zurechtgelegt, um Männchen und Weibchen (oder Weibchen und Weibchen oder Männchen und Männchen) zueinander zu bringen und sie dem Zustande erhöhter Lebensfreude frönen zu lassen. Einzig der Mensch konnte auf die Schnapsidee kommen, dieses fröhliche Treiben als Sünde zu bezeichnen, mit einem Tabu zu belegen oder gar zu verbieten und vor allem zahlreiche Regeln dafür zu erfinden. Doch welche davon sind noch aktuell?

Bringt man einer jungen Dame, einer Frau oder seiner Angebeteten bei einem Besuch überhaupt noch Blumen mit? Ich kenne niemanden, der sich nicht über Blumen freuen würde. Ein Brauch, der nicht nur zur Überlebenssicherung der Floristen, sondern auch zum Erhalt der Freundschaft berechtigt ist. Pralinen tun's übrigens auch. Aber, darf sie ihm bei einem Besuch auch etwas mitbringen? Unbedingt! Auch wenn in den allermeisten Fällen »sie« schon Geschenk genug ist.

Sollte ein Mann einer Dame noch in den Mantel helfen? In weit zurückliegenden Zeiten, in denen eine weibliche Abendrobe mehr kostete als ein heutiger Kleinwagen, war es für Frauen nahezu unmöglich, sich den Mantel selbst über die voluminösen Kleider zu ziehen. Der Gentleman war gefragt. Auch wenn moderne Kleider die Hilfe beim Anlegen eines Mantels überflüssig erscheinen lassen, ein Mann, der in den Mantel hilft, wird immer noch als Kavalier empfunden. Ob Sie, verehrter Leser, allerdings als solcher wahrgenommen werden wollen, bleibt vollkommen Ihnen überlassen. Und wann hilft die Dame dem Herrn in den Mantel? Auf jeden Fall immer dann, wenn der Mann diese Hilfe braucht. Egal ob Mann oder Frau, achten Sie immer darauf, es geschickt zu machen. Es gibt kaum peinlichere Situationen als missglückte Mantelanziehversuche, bei denen ein hilfloser Arm verzweifelt versucht, das Loch des Ärmels zu erreichen.

Sind dann alle angezogen, geht es in den meisten Fällen hinaus und es stellt sich die Frage: An welcher Seite der Dame geht der Herr? Früher galt: an der linken. Denn in alten Zeiten trugen die uniformierten Herren an ihrer linken Seite einen Säbel oder De-

gen. Beides lange, sperrige Dinger, die rumschlackerten und einer »links gehenden« Dame die sauteuren Strümpfe zerrissen. Daher ging die Dame immer an der rechten Seite des Herrn, der Herr an ihrer linken. Ich lernte von meiner Mutter noch, dass der »links gehende« Herr im Falle eines Angriffs auf die Dame leichter seinen Säbel ziehen und sie verteidigen könne. Leider fallen scharfe Säbel heute unter das Waffengesetz und dürfen nicht mehr in der Öffentlichkeit getragen werden! Dabei hätte ich doch zu gerne wenigstens einmal im Leben meine Dame mit einem Säbel verteidigt. Inzwischen sagt man, der Herr geht auf der gefährlicheren Seite des Trottoirs, also auf der Straßenseite. In meinem Falle ein verständlicher Gedanke, denn jeder Autofahrer fürchtet sich vor dem Wildschaden, den ich mit meinem Lebendgewicht auf seiner Windschutzscheibe anrichte, und fährt einen großen Bogen um mich und meine Dame.

Und wer hält heute eigentlich wem die Tür auf? Früher immer der Herr der Dame wegen oben erwähnter Roben und um ihr ihren großen Auftritt möglich zu machen. Heutzutage hält so mancher Mann nur noch die Tür auf, damit die Frau leichter die schweren Einkaufstüten in die Wohnung schleppen kann. Trägt hingegen der Mann den umfangreichen Einkauf der Frau, dann gibt sein länger dauernder Ringkampf mit der Tür den neidvollen Nachbarinnen Gelegenheit, anhand der Label auf den Tüten sei-

ne wirtschaftliche Potenz zu bewundern. Aber an sich ist es heute natürlich selbstverständlich, dass man sich gegenseitig die Tür aufhält und diese dem andern nicht vor der Nase zuknallen lässt.

Ein in Vergessenheit geratener Brauch ist der Handkuss. Er wird außerhalb Österreichs leider weitestgehend als Anachronismus empfunden. Viele deutsche Frauen empfinden diesen, zu Unrecht, als männliche Schleimerei. Gekonnt ausgeführt ist der Handkuss ein perfekter Ausdruck der Achtung des Mannes vor der Dame (siehe S. 126). Und daher, wie ich finde, heute durchaus noch berechtigt. Oder sind die geistlichen Würdenträger, die sich bis heute die Hände küssen lassen, ebenfalls schon aus der Zeit gefallen?

In allen Fällen gilt: Erlaubt ist, was gefällt. Seien Sie im Umgang mit dem anderen Geschlecht kreativ, und lassen Sie sich von Rückschlägen nicht entmutigen. Sie werden erstaunt sein, wie gut viele der alten Regeln der Kavalierskunst ankommen – bei Männlein wie bei Weiblein!

Der Cohnrat

Traditionelle Umgangsformen sind fabelhafte Requisiten im Tanz der Geschlechter. Spielen Sie damit, denn letztlich geht es nur um eines: den anderen glücklich zu machen.

Wenn die Dame nicht auf Ihre Gesprächsversuche reagiert, ist das kein Grund aufzugeben. Bleiben Sie nun erst recht am Ball.

Die Sache mit der Kommunikation in der Partnerschaft

Zu Beginn einer großen Liebe benehmen sich Männer wie Frauen noch wie putzige, kleine Rotkehlchen, denen man die kleinen Brotkrumen in ihren Schälchen mit Absinth getränkt hat. Stürzen sie sich dann, volle Kraft voraus, in das Abenteuer Ehe oder Beziehung, bedarf es einigen Zutuns, damit sie dieses Vabanquespiel im besten Falle ein Leben lang auf Trab hält. Denn in ehe- und partnerschaftlichen Beziehungen herrscht häufig extensives Rumoren über mehr oder minder banale Ereignisse. Die Folge sind Tränen, Türenschlagen oder eine Kackstimmung. Um nicht jedes Gespräch zur Mutprobe werden zu lassen, weil man aneinander vorbeikommuniziert, empfiehlt es sich, einige Regeln gepflegter Konversation zu beachten.

1. Überlegen Sie sich vorher, was Sie sagen wollen. Ins Blaue zu labern, ohne einen klaren Gedanken gefasst zu haben, kommt nie gut an, vor allem nicht bei jemandem, der gerade sehr wenig Zeit hat.
2. Sprechen Sie so, dass Ihr Partner Sie auch verstehen kann. Ihrem der Biologie nicht kundigen Ehegatten einen Vortrag über die Bedeutung des Paarungsverhaltens des Maikäfers für das subtropische Ökosystem des Voralpenraumes zu halten, muss zwangsläufig als sehr arrogant empfunden werden.
3. Texten Sie Ihren Partner niemals mit einem ellenlangen Vortrag zu!
4. Seien Sie immer liebenswürdig und charmant! Wenn Ihr Partner oder Ihre Partnerin offensichtlich emotional leidet, seien Sie nett! Niemand muss ums Verrecken recht behalten.

Etablieren Sie eine vernünftige Streitkultur.
Beachten Sie die Regeln guter Konversation,
um gepflegte Auseinandersetzungen zu führen.

5. Vermeiden Sie »Du-Botschaften« wie der Teufel das Weihwasser! Statt zu sagen: »Du Armleuchter hast schon wieder ...«, sollten Sie es versuchen mit: »Ich fühle mich von dir nicht richtig wahrgenommen!«.

6. Hören Sie Ihrem Liebsten oder Ihrer Liebsten aufmerksam zu und unterbrechen Sie ihn oder sie nie vor dem Ende eines Gedankenganges!

7. Seien Sie um jeden Preis ehrlich! Im Zeitalter politischer Korrektheit den Lügen kurze Beine zu attestieren könnte als respektlos gegenüber einer Minderheit missverstanden werden. Lassen Sie das Lügen dennoch lieber, es geht meistens schief.

8. Deeskalieren Sie, wo immer Sie können!

9. Seien Sie humorvoll. Mit bierernstem Rumgezicke und -gezackere ist kein Blumentopf zu gewinnen!

10. Geraten Sie durchaus ein wenig in Fahrt, wenn Ihnen eine Sache wichtig ist.

11. Legen Sie je nach Frage ein beharrliches Schweigen an den Tag. Fühlen Sie sich auch nicht genötigt, auf eine unhöfliche Frage eine unhöfliche Antwort zu geben, sondern parieren Sie mit: »Ich bin gespannt, wir werden sehen.« Springen Sie dann sofort zu einem anderen Thema, um die Situation zu entspannen.

Diese Regeln sollten Sie vor allem befolgen, wenn Sie dazu neigen, schnell zu schreien, rot anzulaufen oder in Tränen auszubrechen.

Bei einer Beziehung geht es nicht darum, dem Partner in homöopathischen Dosen Meinungen zu verabreichen, bis er auf Linie ist. Es geht um echten Austausch mit dem Menschen, den Sie lieben und ohne den Sie sich ein Leben eigentlich nicht vorstellen wollen. Bevor Sie sich also heillos in blödsinniger Kommunikation über Raumpflege, zerknitterte Hosen, übervolle Mülleimer, Kochrezepte oder Kindererziehung verlieren, dadurch Herzschmerzen, feuchte Hände, Magenkrämpfe oder Akne bekommen, betreiben Sie Konversation und beherzigen Sie deren Regeln.

Und wenn Ihr Partner Wissensdimensionen erreicht hat, die Sie sich in diesem Leben nicht mehr erschließen können, werden Sie nicht nervös. Sie müssen nicht alles intelligent kommentieren. Ein bestätigendes »Ja, das ist schon allerhand« oder ein begeistertes »Das muss man sich mal vorstellen!« ist völlig ausreichend. Und ein einfaches »Finde ich auch« kann die Tür zu vielen Herzen öffnen.

Der Cohnrat

Genauso, wie Sie zu Hause nicht in löchriger und fleckiger Unterwäsche rumlaufen, sollte die Kommunikation mit Ihrem Partner nicht löchrig und fleckig und vor allem nicht vergammelt sein.

Ist die Ehe eine Lizenz für schlechtes Benehmen?

Das Wort »Ehe« ist im Grunde eine Abkürzung für das lateinische Sprichwort »errare humanum est«, »Irren ist menschlich«. So zumindest die etwas trockene, dafür aber umso lebenspraktischere Weisheit meines Vaters.

Lassen Sie die Erotik aus Ihrer Ehe nicht verschwinden. Erwarten Sie Ihre Liebste auch nach Jahren noch zu romantischen Abenden voller Magie.

Die einschlägige Ratgeberfachliteratur, wie etwa der im Vorwort erwähnte Uraltschinken »Der gute Ton von heute«, hält sich zu diesem Thema erstaunlich bedeckt. Seine antiquierten Ratschläge, die Ehefrau habe stets für das Wohl des Mannes zu sorgen, führten, wie bereits erwähnt, zum Untergang meines geerbten Porzellans. Ansonsten hat dieses sonst so pragmatische Buch dazu nicht viel an praktisch Verwertbarem zu bieten. Heute kann ich den Wutanfall meines damals frisch angetrauten Eheweibes natürlich verstehen, auch wenn er wirklich nicht der Ausdruck guten Benehmens war.

Aus historisch durchaus nachvollziehbaren Gründen befinden sich viel zu viele Partnerschaften und Ehen in einem ständigen Ringen um Dominanz und Abhängigkeit und sind dadurch derart ineinander verkantet und verhakt, dass der Weg zur eigentlichen Liebe restlos verschüttet ist und am Ende dieses Kampfes der Schieds- beziehungsweise Scheidungsrichter sein Urteil fällt. Zurück bleiben schwer traumatisierte und meistens kreuzunglückliche Kinder.

Dabei war das Ganze doch so gut gestartet. Man hat sich geliebt, alle Freuden der Zwischenmenschlichkeit genossen, sich Treue geschworen, kurz: eigentlich alles richtig gemacht. An welcher Stelle nur war man falsch abgebogen?

Eine veritable alte Dame, mit der ich einmal über das Thema sprach, meinte dazu: »Wir haben die Sachen früher repariert und nicht immer gleich weggeschmissen.«

Ist die hohe Scheidungsrate am Ende nur ein Ausdruck unserer Wegwerfmentalität?

Wonach suchen wir wirklich, wenn wir uns auf einen anderen Menschen einlassen? Ist es nur der gute Sex der ersten Zeit? Ich persönlich glaube, die Sache liegt viel tiefer. In unserem Innersten sehnen wir uns alle nach dem einen Menschen, der bereit ist, den Lebensweg an unserer Seite zu gehen und Rücken an Rücken schwierige Lebenssituationen zu durchkämpfen, mit dem wir unsere Gedanken, unsere Sorgen, unsere Freude und unser Glück teilen können und der uns in den Arm nimmt, wenn es mal nicht so glatt läuft. Kurz, wir suchen unseren Seelenpartner, den Menschen, ohne den wir nicht vollständig sind. Das klingt nun vielleicht romantisch verklärt und untypisch für dieses Buch. Aber es gibt kein Thema im Leben eines Menschen, an dem mehr gelitten wird als an diesem.

Laut Joseph Murphy, einem bekannten amerikanischen Psychologen und Entdecker der fulminanten Wirkung des positiven Denkens, werden wir bis zu unserem 20. Lebensjahr mit ungefähr 200.000 negativen Glaubenssätzen gefüttert. Die positiven bewegen sich nur im fünfstelligen Bereich.

Und das betrifft natürlich auch unsere Einstellung und vor allem unsere Erwartungshaltung zur Partnerschaft. Und da die eigenen Eltern zwangsläufig maßgebende Vorbilder sind, wiederholen wir meist deren Beziehungsdesaster. Wie, um Himmels willen, kommen Sie aus diesem Dilemma wieder heraus?

Falls Sie es nicht schon tun, rate ich Ihnen, die eigenen Verhaltensweisen einmal genauer zu analysieren, sich Fragen zu stellen wie: Warum werde ich jedes Mal wütend, wenn mein Schatzi dieses Thema anschneidet? Warum fangen wir immer wieder an zu streiten? Und wie kommen diese Streits zustande?

Meine erste Gattin war ausgesprochen cholerisch und ein Krach biblischen Ausmaßes mit ihr oft unausweichlich.

Anfangs ging ich diesen Streits nicht aus dem Wege im Gegenteil, ich gab gewaltig Kontra. Bis ich mich eines Tages fragte: Warum lasse ich mich jedes Mal wieder provozieren? Will ich das überhaupt? Und ich kam zu dem Schluss: Nein, ich will das nicht!

Als meine Holde das nächste Mal die dunklen Sturmwolken am Horizont ihres Gesichts aufziehen ließ, stellte ich mich freundlich lächelnd vor sie hin, nahm sie bei den Händen und sagte liebevoll:»Schatz, du kannst jetzt schreien, toben und dich aufregen so viel du willst, ich werde bei diesem Streit nicht mitmachen.« Der folgende Vulkanausbruch stellte selbst den Mount St. Helens in den Schatten. Das komplette Frühstücksgeschirr landete auf dem Boden. Ich aber blieb ruhig und öffnete die Türen der anderen Oberschränke:»Schatz, hier ist noch mehr Geschirr.« Am Ende des Tages lag ein ganzes Service in Scherben.

Von da an ließ ich mich zu keinem Streit mehr hinreißen. Sie wiederum empfand mein neues Verhalten alles andere als schlichtend. Wenn ich die gerade von ihr zugeknallte Türe mit den freundlichen Worten»Liebling, Türen sind wirklich kein Artikulationshilfsmittel für erwachsene Menschen, wir können doch ganz vernünftig miteinander reden« kommentierte, wurde sie rasend.

Und obwohl ich mich bemühte, ruhig und liebevoll zu sein, war meine Streitverweigerung der Beginn des Endes meiner Ehe. Meine neuen, geänderten Verhaltensmuster trafen meine Frau unvermittelt und waren für sie nicht adaptierbar, da ich unangreifbar blieb. Nur, ein friedlicher und vernünftiger Diskurs wollte sich nicht einstellen.

Außerdem gab es von da an auch keine romantischen Versöhnungen mehr. So hatten wir Krach (meine Frau stritt sich ja, auch wenn ich nicht mitmachte) ohne Romantik, und das war doch recht bitter.

Immerhin, ich habe daraus gelernt: Türen, Möbel, Geschirr und dergleichen sind kein geeignetes Mittel, um Argumente zu unterstreichen. Merken Sie sich das. Ein Streit, der einer kriegerischen Auseinandersetzung gleicht, führt meist nur zur Erschöpfung der Kombattanten und nur selten zu einer Lösung des Problems. Wenn man sich wirklich liebt, wirklich das Glück hat, mit seiner Seelenhälfte zusammen zu sein, findet man ganz ohne großen Krach aus jeglichen Problemen heraus.

Die Ehe ist also definitiv keine Lizenz für schlechtes Benehmen! Wo sollen Ihre Kinder denn lernen, anständig und liebevoll mit ihrem Partner umzugehen, wenn Sie zu Hause mit Ihrer Frau täglich Weltkrieg eins und Weltkrieg zwei samt Hiroshima zelebrieren? Sie sind doch das Vorbild! Und noch mal zum Mitschreiben: Meinungsverschiedenheiten kann man auch ohne die Schlacht bei Verdun durch ein liebevolles, freundliches und höfliches Gespräch klären und zu einer allgemeinen erfreulichen Lösung führen. Sich gegenüber seinem Partner oder seiner Partnerin wie ein magenkranker Mandrill aufzuführen, dafür haben unsere Vorfahren nicht die Evolution begonnen! Dafür hätten sie im Urwald bleiben können!

Der Cohnrat

Auch wenn Gewitter angeblich die Atmosphäre reinigen, sorgen Sie dafür, ausreichend »elementarschadenversichert« zu sein.

Wie überstehe ich Familienfeste?

Egal ob Geburtstag, Konfirmation, Kommunion, silberne, goldene oder diamantene Hochzeit – Familienfeiern sind immer ein echter Stresstest im Terminkalender. Nicht selten steht das Fest

Begehen Sie Familienfeiern als rauschendes Fest.
Laden Sie auch Ihre Schwiegereltern ein und genießen
Sie die ausgelassene Stimmung.

unter dem Motto »Das wollte ich dir immer schon mal sagen«. Oberflächlich erträglich, bisweilen unterschwellig gärend, genau bis zu dem Punkt, an dem es dann doch ordentlich scheppert. Wer kennt das nicht?

Man fühlt sich wie ein Spielball, sobald man weiß, dass die Horde mit ihren antiautoritär erzogenen Blagen wie eine Herde kleiner Rhesusaffen einfallen wird. Oder dass Base Gertrude wie immer erst absagt und dann doch, pünktlich wie eine alte Wanduhr, mit ihrem aus allen Nähten platzenden Seidenkleid aus den Zeiten der Erstürmung der Bastille auftaucht. Und dass es ihr wieder keiner zu sagen wagt, dass man ihre Heidelbeermuffins nur mit mindestens sechs Tassen Kaffee hinunterspülen kann. Bei solchen Lustbarkeiten mit Abwesenheit zu glänzen geht meist nur bei Androhung einer ansteckenden Krankheit.

Eine andere beliebte Strategie ist, nie nüchtern hinzugehen. Doch ein galoppierender Verlust der Impulskontrolle hat noch nie zu nachhaltigen Lösungen geführt. Spätestens beim dritten Familienfest unter Alkoholeinfluss hat man sich das Etikett »Saufbold« eingefangen, und jeder von uns weiß, wie schwer man ein einmal erworbenes Etikett wieder loswird. Da hilft auch kein Etikettenschwindel mehr!

Was hingegen gut funktioniert, ist der gemeinsame Alkoholgenuss mit der Sippschaft, der die Geselligkeitskurve zum Anschwellen bringen und die Anwesenden zusammenschweißen kann. So löst bei manchen schon der Apéro die Zunge. Im Falle von ohnehin schwatzhafter Verwandtschaft kann das nach hinten losgehen. Falls Sie aber Platz neben der einsilbigsten Schnarchdrossel der Familie gefunden haben, befördert ein Likörchen vorweg mit Sicherheit die Unterhaltung.

Alkohol ist auch ein probates Hilfsmittel, falls Sie den letzten freien Platz neben Base Gertrude gefunden haben. Im Wein finden all diejenigen Trost, die nichts im Leben weniger ausstehen können als eine langweilige Unterhaltung.

Auch aus Verhörsituationen kann man sich gut raus- beziehungsweise den Gesprächspartner hineinsaufen. Vehement davon abraten würde ich nur, falls Sie Verwandtschaft mit osteuropäischen Wurzeln haben. Da kann sich das ziehen. Und Sie ziehen auf jeden Fall den Kürzeren.

Wollen Sie dem Fest, vorsichtig formuliert, Würze verleihen, dann riskieren Sie die Alkoholnummer mit einem Aggrosäufer. Das ist kein betrunkener Bauer, sondern die Sorte Trinker, die unter Alkohol aggressiv wird. Wenn es dann ordentlich Stunk und Krach gibt – Sie waren's nicht!

Und damit Sie sich auf keinen Fall in die Nesseln setzen, folgt auf der nächsten Seite eine kurze Aufzählung der Dos and Don'ts beim Fest mit der Sippschaft.

Unbedingt vermeiden:	Ein gangbarer Weg:
Bei Schulkindern Fragen nach der Schule	Storys aus der Schule erzählen, bei denen Sie selbst schlecht wegkommen: So öffnen Sie eine Türe für Erzählungen aktueller Schulkinder und erfahren wirklich Wissenswertes über ihr Leben und ihre Gedanken.
Bei Schulabgängern und Abiturienten Fragen nach der Ausbildung und dem Studium	Fragen nach der Ausbildung oder dem Studium nur stellen, wenn Sie den Eindruck haben, nicht zu fragen könnte als Desinteresse gedeutet werden. Fingerspitzengefühl ist geboten!
Bei instabilen Paaren die Frage nach dem Beziehungsstatus	Die Frage nach dem Beziehungsstatus, wenn Sie sich ein wenig amüsieren möchten
Bei notorischen Singles die Frage nach dem Beziehungsstatus	Die Frage nach dem Beziehungsstatus, wenn Sie sich ein wenig amüsieren möchten
Bei allen anderen Singles die Frage nach dem Beziehungsstatus	Die Frage nach dem Beziehungsstatus, wenn Sie sich ein wenig amüsieren möchten
Anekdoten aus der Kindheit irgendwelcher Familienmitglieder	Anekdoten, so Sie die Gabe besitzen, Anekdoten wirklich gut zu erzählen!
Vorwürfe wie »Du hast mir damals ...« oder »Du schuldest mir noch ... (Geld, einen Gefallen ...)	Selbstvorwürfe machen – Sie glauben gar nicht, wie viel Gegenrede Sie bekommen werden, gut fürs Ego!

Zur Vertiefung

Und jetzt schauen wir mal, wie gut Sie aufgepasst haben, Sie Fuchs. Kreuzen Sie die richtige Antwort an oder schreiben Sie sie hinzu.

Sie sind zum ersten Mal bei den Eltern Ihrer Angebeteten eingeladen. Sie

A) hauen dem prospektiven Schwiegervater jovial auf die Schulter und sagen: »Machen Sie sich mal keine Sorgen, Ihre Kleine nimmt die Pille!«

B) betreten das Wohnzimmer und sagen: »Mein Gott ist das alles piefig hier, da kann Ihre Kleine ja froh sein, hier endlich rauszukommen.«

C) schütteln dem prospektiven Schwiegervater herzlich die Hand und fragen: »Und wie hoch ist die Mitgift?«

D) _____

_____

_____

_____

_____

_____

Er hat mal wieder den Hochzeits-, Verlobungs- oder sonst einen wichtigen Jubiläumstag vergessen. Sie

A) gehen in den nächsten Blumenladen und kaufen einen wundervollen Strauß roter Rosen, stellen ihn deutlich sichtbar in der Wohnung auf und sagen, wenn er nach Hause kommt: »Ach, der ist nur von einem liebevollen Verehrer, du lässt mich eben viel zu oft zu lange allein.«

B) warten, bis er nach Hause kommt, und machen ihm die Szene seines Lebens, bei der mindestens das halbe Erbporzellan zu Bruch geht.

C) bestellen in seinem Lieblingsrestaurant einen Tisch für zwei, entführen ihn dorthin und sagen: »Schatz, ich glaube, heute ist es mal an der Zeit, dass ich dich so richtig verwöhne. Schließlich hast du mich bisher immer auf Händen getragen und keinen Geburts-, Hochzeits- oder Verlobungstag vergessen.«

D) _____

_____

_____

_____

_____

_____

_____

Es steht mal wieder ein Familienfest ins Haus, und die gesamte Mischpoke samt Tante Erna und Onkel Heinz hat sich angekündigt. Sie

A) stürzen sich zusammen mit Ihrem Partner, Ihrer Partnerin in die Vorbereitungen, besorgen die Lieblingsgetränke und Nahrungsmittel der weitverzweigten Verwandtschaft und sind drei Tage mit Putzen, Aufräumen, Kochen und Backen beschäftigt, schmeißen ein rauschendes Fest und werden anschließend mit Delirium tremens in die geschlossene Abteilung der örtlichen Nervenheilanstalt eingeliefert.

B) bestellen einen Fernsehkoch und einen professionellen Festveranstalter, nehmen eine Hypothek auf Ihr Haus auf und lassen die Jungs mal machen, bis die Mischpoke wieder aus dem Haus ist. Danach melden Sie Konkurs an.

C) kaufen zwei Flugtickets auf die Malediven und sagen der ganzen Blase süßlich lächelnd ab.

D) _____

_____

_____

_____

_____

_____

_____

VOM GUTEN BENEHMEN AUF DER ARBEIT

Wie casual darf der Freitag sein?

Viele angesagte Modelabels schneidern kaum noch Anzüge, Sakkos oder Mäntel. Sie gelten als allgegenwärtig, formal, nicht originell genug. Natürlich werden sie weiter produziert, sie werden auch weiter gebraucht und gekauft, aber als Thema scheinen sie ausgedient zu haben. Jedenfalls erlebe ich das so auf Instagram. Aber was verirre ich mich auch auf Instagram? Wo Nietenhemd und formlose Hosen, die auf offener Straße und bei helllichtem Tag eigentlich nicht getragen werden dürften, zum Hype erklärt werden, habe ich definitiv nichts verloren. Auf der Arbeit würden die meisten mit solchem Chichi zu Recht Mobbingopfer. Gekürzte Kleider, transparente Blusen, hautenge Leggings mit Strass und Nieten überlassen wir lieber dem photogeshopten Designhintern von Victoria's Secret.

Aber auch der gemeine Bankkaufmann oder Verwaltungsmitarbeiter kann einmal die Woche die Nieten rausholen: am Casual Friday. Weg mit der strengen Kleiderordnung, dem lästigen Anzug, weißen Polyesterhemd aus der Halsabschneiderabteilung samt langweiliger Krawatte und hinein in die legere Freizeitkleidung, mit der man auch am Wochenende die Grillsaison eröffnen könnte! Dieser Casual Friday hat sich in den Bürolandschaften auch unserer Breitengrade etabliert. Er ist deshalb aber noch lange kein Freifahrtschein für schlampiges textiles Auftreten, denn da gibt es Regeln.

FlipFlops zum Beispiel stehen auf der »Geht-überhaupt-mal-gar-nicht-Liste«, auch nicht bei 40 Grad im Schatten und ausgefallener Klimaanlage. Was ebenfalls keinesfalls funktioniert, sind Jogginghosen, auch nicht, wenn Sie direkt nach Büroschluss an einem Marathon teilnehmen oder die Turnstunde Ihrer Kids leiten müssen, weil der zuständige Lehrer ohne Vorwarnung ausgewandert ist. Auch wenn einige Designer der Meinung sind, die Zukunft der Hose sei elastisch. Klingt nach Kinderspielplatz und sieht auch so aus. Damit kann man die Kleinen problemlos vom Klettergerüst kratzen, weniger infantilen Tätigkeiten wie Frühstücken, Radfahren oder Yogamachen nachgehen und unauffällig mit den anderen Athleten in der Muckibude trainieren. Aber so frei Sie sich in der Jogginghose auch fühlen: Im Büro hat sie nichts zu suchen. Es sei denn, Sie arbeiten in der sogenannten Kreativbranche.

Also, um das hier einzuräumen: Grundsätzlich bin ich nicht gegen Entspannung. Im Gegenteil. Wir können uns alle etwas mehr entspannen. Aber sind dazu wirklich elastische Hosen notwendig?

Bequem zu fühlen und gut auszusehen hat nichts mit Stretch zu tun, sondern mit einem guten Schnitt und feinem Material. Zeit, um an dieser Stelle ein in Deutschland weitverbreitetes Vorurteil auszuräumen: Was schön ist, kann nicht gut sein. Bequem und elegant – ein Widerspruch. Vor allem deutsche Reisegruppen im Ausland scheinen das zu bestätigen.

Haben Sie hingegen bei Italienern jemals das Gefühl, ihre Kleidung klemmt? Klar, zierliche Gliedmaßen klemmen nicht so schnell wie die der germanischen Brecher, dennoch: Mit einem sicheren Stilgefühl vereinen sie Eleganz und Bequemlichkeit, und das sieht definitiv nicht bemüht aus.

Man kann also auch am Casual Friday durch Stil glänzen. Grundregel für die Herren: Auf Krawatte darf verzichtet werden.

Schon so mancher Herr interpretierte den Casual Friday zu seinen Ungunsten. Seien Sie frei im Kopf, nicht frei im Schritt!

Das Gleiche gilt für das Oberhemd, das man problemlos mit einem Poloshirt oder Rollkragenpullover ersetzen kann. Also das Obenrum gestaltet sich recht einfach in der Umsetzung. Sie können ein Sakko drüberziehen oder es, je nach Raumtemperatur, auch lassen. Unsere südländischen Nachbarn ziehen sich meist locker einen Pulli um die Schultern. Die wissen halt immer, wie es geht.

Der Cohnrat

Seien Sie genau nur so casual, wie Sie sich auf der Titelseite eines Vierbuchstabenmagazins sehen möchten.

Wie kündige ich richtig?

Ein neuer Job ist in furztrockenen Tüchern? Jetzt, und nur jetzt, ist der richtige Zeitpunkt, um zu kündigen. Safety first.

Wenn Sie den Laden überhaben und die Kollegen am liebsten nur von hinten sehen, dann müssen Sie Ihre Impulse bei der Kündigung besonders gut unter Kontrolle haben. Es lauern etliche Sprengfallen, die explodieren können, wenn Sie in einem überhitzen Moment unüberlegt handeln und Formalien und Grundregeln behandeln, als seien sie lästige Fliegen.

Bei einer Kündigung hat ein guter Plan oberste Priorität.

Versuchen Sie nicht, empathische oder schnörkelige Formulierungen anzubringen, um dem Chef klarzumachen, was für ein Germanistikgenie und damit auch, was für ein Verlust für das

Unternehmen Sie sind. Je mehr Sie schreiben, desto tückischer lauert der Fehlerteufel. Und die beste Möglichkeit, Dummheit zu verbergen, ist immer noch die korrekte Orthografie.

Geben Sie sich auch nicht dem irrigen Gedanken hin, dass eine SMS, eine Facebook-Nachricht oder ein Bild bei WhatsApp für die Kündigung genügen.

Um sicherzugehen, dass der »Letter of go« genau an der richtigen Stelle Einzug hält, können Sie ihn, wenn Sie das geil finden, persönlich und bedeutungsschwanger selbst überbringen. Egal ob Sie ihn beim Pförtner, der Assistentin der Geschäftsleitung oder beim Chef höchstpersönlich deponieren, lassen Sie sich immer die Übergabe quittieren.

Wenn Sie in einem sensiblen Bereich tätig sind, kann es sein, dass Sie direkt vom Dienst freigestellt werden und Ihre weiteren Tage im Schwimmbad, beim Golf, beim Squash oder in Ihrer Küche verbringen, mit der Sie ohnehin noch per Sie sind, weil Sie sich da nie austoben konnten. Und da in einem solchen Fall die Überweisung Ihres monatlichen Gehalts pünktlich wie ein Uhrwerk bis Ende der Kündigungsfrist bei Ihnen eingeht, können Sie völlig losgelöst endlich das edle Hummergericht für zehn Personen in Ihr Kochportfolio aufnehmen.

Der Cohnrat

Das Netz ist so voll von beispielhaften Kündigungsschreiben, dass einem die Luft wegbleibt.
Deswegen brauchen Sie an dieser Stelle von mir keinen Support.

Nie wieder arbeiten:
Wie verhalte ich mich bei einem
Lottogewinn?

Den Ernstfall, dass Geld keine Rolex mehr spielt, hat man ja irgendwie immer auf dem Schirm, sonst würde man nicht Woche für Woche wie ein Lemming in die kleinen Lädchen mit dem gelben Fähnchen tappen, um brav seine Dummensteuer einzuzahlen.

Ein Lottogewinn scheint die Erfüllung aller Träume. Wie ein Hungriger am Buffet könnte man shoppen, bis die EC-Karte glüht. Als hätte man bis dato noch nie eine Kreditkarte über den Ladentisch gereicht. Doch das Gefühl, völlig enthemmt einkaufen zu können, ohne alles wieder mühsam hereinschuften zu müssen, das hat etwas von Schlaraffenland.

Vor unserem inneren Kameraauge läuft ein Film ab, wie wir armen Verwandten unter die Arme greifen und notorisch notleidende Freunde mit Jachtausflügen beglücken. Wir sehen uns braune Jutesäckchen mit aufgedruckten Dollarzeichen, plopp – plopp – plopp, auf die Tische unserer Nichten und Neffen knallen, auf den Lippen ein »Mach was draus!«, und haben Visionen, wie wir Champagner, Schmuck, einen feinen Armanianzug und ein elegantes Autos kaufen. Unseren Job würden wir mit einem »Leck-mich-am-Arsch-Gesicht« kündigen und dabei dem Chef mit aller Herzlichkeit kundtun, was für ein Kotzbrocken er in all den Jahren unserer Knechtschaft war, eine Beleidigungsklage seinerseits lässig in Kauf nehmend, ja sogar genüsslich darauf hoffend.

Meine sehr geehrten Damen und Herren, liebe Freunde, das sind Vorstellungen, von denen man sich besser verabschiedet!

Ein Lottogewinn sollte stets gebührend gefeiert werden, auch im Büro. Lassen Sie die Sau raus, Sie müssen den Saftladen ja nie wieder betreten.

Schmeißen Sie nicht von jetzt auf gleich alles über Bord. Wichtig ist: Behalten Sie Bodenhaftung, das brauchen Sie jetzt am meisten. Sonst sind Sie ein wahrhaft Neureicher und damit ziemlich nah dran an ziemlich dumm. Sie wissen schon, einer, der auf dicke Hose macht. Peinlich, peinlich. Und Sie rücken in die Nähe von Gier, keine gute Idee. Darüber hinaus sollten Sie die Klientel, welche Sie über Ihren neuen Reichtum informieren, auf ein absolutes Mindestmaß reduzieren. Die Klappe halten ist nicht jedermanns Sache, ich bin ja auch so eine Plaudertasche, aber Sie glauben nicht, wie viele neue am Hungertuch leidende Mitmenschen plötzlich Ihren Weg kreuzen. Ich habe einmal gehört, dass die Lottogesellschaften die Namen der Gewinner veröffentlichen. Der neue Datenschutz verfolgt ja so seine eigene Logik. So darf ich in meiner Pilatesgruppe noch nicht einmal die Telefonnummern der anderen Teilnehmer erfahren, aber Herr Dipl. Algo Rithmus weiß, dass ich ein an schwarzen Lackschuhen interessierter Mann unter 60 und Besucher der Scala in Mailand bin und mit meiner Kreditkarte gerne in Hotels der Vier-Jahreszeiten-Gruppe nächtige.

Durch welche Membranen das Wissen um Ihren neuen Reichtum auch immer sickern mag, Ihr ortsansässiges Käseblättchen wird auf jeden Fall um ein Interview mit Ihnen bitten, um zu erfahren, wie es Ihnen nach diesem Hämmerchen geht. Den Fotografen haben sie gleich im Schlepptau, denn sie möchten ein Foto von Ihnen im Schrebergarten, auf dem Balkon hinter den Geranien oder in der Küche mit dem Thermomix. Lassen Sie sich in Ihrer sauguten Laune bloß nicht dazu hinreißen! Wimmeln Sie ab, lassen Sie abwimmeln und markieren Sie ja nicht Lotto-Lothar.

Aber wie verschwiegen Sie auch sind, ein Gratulant sitzt schon im sprichwörtlichen Schubkarren, nämlich der Kundenberater Ihrer Hausbank. Der Gewinn soll schließlich nicht irgendwo, sondern bei der Bank Ihres Vertrauens (die Ihnen sicher auch in schlechten

Zeiten – wirklich? – die Treue gehalten hat) geparkt werden. Festgeld, Aktien, am Ende gar Investitionen in Center Parks werden Ihnen von diesem Repetiergewehr des Bankenwesens lustvoll und bedeutungsschwanger um die Ohren geschossen. Denn in Ihnen steckt noch das arme Würstchen, das jeden Cent zweimal umdrehen musste. Und an dieses appelliert Ihr Bankenfreund, wenn er den Hebel der Verunsicherung bei Ihnen ansetzt und Ihnen weismachen möchte, Sie bräuchten einen Anlageberater.

Machen Sie lieber unaufgeregt zwei Wochen Urlaub im bayerischen Voralpenland oder nisten Sie sich in einem netten 5-Sterne-Hotel auf Madeira oder Capri ein. Und wenn dann die rote Sonne im Meer versinkt, werden Sie die richtige Eingebung haben, was Sie mit Ihrem Gewinn nutzbringend anfangen.

Also ich habe einen kleineren Lottogewinn in zwei Goldbarren investiert. Das habe ich mir nicht auf Capri, sondern bei einer Schiffsfahrt auf dem guten alten Vater Rhein, im strömenden Regen, beim verzweifelten Hineinwürgen eines ausgetrockneten Käsekuchens aus uralten Zeiten überlegt. Das kühle Edelmetall, die Finanzwelt spricht von »anfassbaren Werten«, kann ich bei gelegentlichen Ausflügen zu meinem Schließfach bewundern, streicheln und liebkosen. Für mich genau das Richtige. Eine Investition für neuen Glanz in meinen Augen. Ich bin ja nun mal so ein unsportlich Haptischer.

Der Cohnrat

Bleiben Sie gelassen wie der erschöpfte Frosch, der nach langem Strampeln sein Ziel erreicht hat, dick und fett auf der Butter sitzt und jetzt ganz viel Zeit hat.

Zur Vertiefung

Und jetzt schauen wir mal, wie gut Sie aufgepasst haben, Sie Fuchs. Kreuzen Sie die richtige Antwort an oder schreiben Sie sie hinzu.

Sie haben tatsächlich und wahrhaftig das ganz große Los mit viel Geld im Lotto gezogen, Sie

A) gehen am nächsten Morgen in die Firma, stürmen ohne anzuklopfen in das Büro Ihres Chefs und entleeren Ihren Darm auf seinem Schreibtisch, um dann festzustellen, dass Ihr Los nicht für diese, sondern für nächste Woche gültig ist.

B) vergraben den Gewinn im Wald und arbeiten weiter wie bisher.

C) kaufen die Mehrheitsanteile Ihrer Firma und schmeißen den Alten endlich raus und lassen frischen Wind in die Bude ziehen.

D) _____

_____

_____

_____

_____

Sie arbeiten mitten in Frankfurt in einer sehr honorigen Finanzfirma. Es ist Hochsommer und wieder einmal Casual Friday, Sie

A) lockern ihre Krawatte um exakt 27,3 mm und lassen den obersten Krawattenknopf nur zur Hälfte im Knopfloch einrasten.

B) ziehen heute nicht die vorgeschriebenen knallorangenen Socken und Krawatte sondern quietschegrüne an.

C) zollen dem guten Wetter Tribut und sitzen in Badeshorts (ab 120 kg Lebendgewicht im Stringtanga) oder im Spitzenbikini im Grossraumbüro und genießen den herrlichen »Friday«.

D) _____

_____

_____

_____

_____

_____

VON GUTER
KULTUR

Ist das Kunst, oder kann das weg?

Da mir selbst schon so manches Kunstgespräch aus dem Ruder gelaufen ist, weil ich meine Klappe nicht halten konnte, ohne mich vorher anständig zu informieren, will ich Ihnen helfen, in Sachen Kunst nicht regelmäßig wie ein Vollbüffel dazustehen. Kunsthistoriker, Kulturschaffende und Feuilletonisten versuchen seit jeher, Kriterien dafür zu finden, was wahre Kunst ist. Verlassen Sie sich aber bitte nicht nur darauf, was die Presse, Werbeagenturen oder Kuratoren Ihnen vorkauen. Um mitreden zu können, schadet es nichts, diese Meinungen zu kennen, aber der echte Kunstkenner zeichnet sich dadurch aus, dass er eigene Kriterien entwickelt hat, um Kunst von zum Beispiel Handwerk zu unterscheiden.

Nur Menschen, die das hinbekommen, sind auch als Künstler geeignet. Joseph Beuys (das ist der mit der fettigen Badewanne und anderen »Das-kriegt-mein-kleines-Kind-doch-besser-hin-Kunstwerken«) war zum Beispiel der Meinung, dass sich wirklich alles als ein Kunstprojekt eignet, man muss nur den Blick des Betrachters verändern. Dennoch, Ihre und meine bekleckste Bockleiter ist und bleibt eine bekleckste Leiter, während die beuyssche unbezahlbar ist. Vielleicht, weil Joseph Beuys im Museum of Modern Art in New York einen eigenen Ausstellungsraum bekommen hat. Seitdem sind auch Deutsche im erklärten siebten Himmel der Modernen Kunst angekommen, und Sie können Beuys mit breiter Brust zitieren, und niemand wird es mehr wagen, Ihnen zu widersprechen. Merken Sie sich also diesen Namen. Überhaupt sollten Sie sich einiges merken, um in Gesprächen glänzen zu können. Beginnen Sie damit, die folgende Epochenbeschreibung auswendig zu lernen. Klingt wie eine lästige Hausaufgabe, dieses Wissen kann Sie aber unterstützen wie ein Schuhlöffel den Fuß, wenn's klemmt. Und nach erfolgreicher Anwendung in Kunstgesprächen können Sie sich Punkte in Ihr Fleißheftchen eintragen.

- 1000 bis 1200: Es beginnt mit der Epoche der Romanik, alle lieben Quadrate und Halbkreise.
- 1150 bis 1400: Die Gotik löste die Romanik ab. Spitzbogen sind total fesch (zum Beispiel Notre Dame oder der Kölner Dom).
- 1420 bis 1630: Die Renaissance macht in der Kunst alles gegenständlich: Leonardo da Vinci und Dürer malen, bis die Pinsel qualmen.
- 1575 bis 1700: Als Verfechter des opulenten und pompösen Barocks malt Rubens Propagandakunst für die katholische Kirche.
- Ab 1720: Im lüsternen Rokoko konnte und durfte alles erotisch gemalt und gedeutet werden.
- Ab 1750: Francisco Goya feiert im Klassizismus als erster malender Kriegsberichterstatter eine Dunkelparty. Alles wird trübe und depressiv.
- Ab dem 19. Jahrhundert: Die Impressionisten sehen wieder Licht am Ende des Tunnels (zum Beispiel van Gogh oder Monet). Und mit Picasso oder Magritte machen sich die Avantgardisten breit.

- Dann wird's eckig, denn Stilrichtungen sind so was von 1890! Jeder Künstler ist seine eigene Epoche. Willkommen im 20. Jahrhundert!

Und bei der Gegenwartskunst, da wird es richtig unterhaltend. Glänzen können Sie, wenn Sie wenigstens die Künstler der Pop Art kennen. Wegen ihrer Leichtigkeit, der beeindruckenden Materialien, der Einfachheit und wegen ihres teilweise aberwitzigen Marktwertes werden die Kreateure gefeiert wie Popstars. Hier ein paar zum Merken.

Jeff Koons: Baut riesige Metallfiguren in allen Farben.

Damien Hirst: Der mit dem Hai in Formaldehyd oder den genagelten Totenköpfen.

Banksy: Der geheimnisvolle Sprayer, den niemand wirklich kennt, mein Lieblingszeitgenössischermaler! Ich liebe seinen bösartigen und treffenden Humor!

Gerhard Richter: Deutscher Superstar, für dessen Werke Preise gezahlt werden, dass einem schwindelig wird.

Joseph Beuys: Der mit dem Fettfleck. Sagte ich schon.

Richard Serra: Das ist der mit den gewaltigen, gewickelten, gebogenen und gerollten Stahlplatten, die allenthalben in der Landschaft rumstehen.

Anish Kapoor: Bekannt für eine riesige, spiegelnde Bohne. In ihn bin ich noch immer schockverliebt. Ich habe vor vielen Jahren, als alle dachten, ich übrigens auch, Anish Kapoor sei ein neues indisches Gewürz, in Holland eine Ausstellung von ihm besucht und war von seinen Werken schwerst beeindruckt.

Bei der Modernen Kunst drängt sich einem fast immer die Frage auf: Kann ich meinen Augen trauen oder besser nicht? Meistens sind Sie gut beraten, wenn Sie hinterfragen, was Sie sehen. Ein kurzes »Ist es wirklich, was es scheint?« ist ein herrlicher Einstieg in jeden Galerie-Small-Talk. Bei der klassischen Kunst gibt es nicht halb so viel zu interpretieren oder zu rätseln – das läuft von ganz allein.

Ich finde vieles in der modernen Kunst reif für die Müllkippe. Ein junger Brite hat bei der Kasseler Documenta einmal Wind durch die völlig leeren Räume des Fridericianum wehen lassen.

Es kann dauern, bis Sie sich an die Atmosphäre, den Geruch und die gedämpften Stimmen (hat fast sakralen Charakter) der Kunstwelt gewöhnt haben. Wenn Sie zu der Spezies gehören, die das eher nervt, gehen Sie einfach ins Internet. Hier finden Sie, schön aufbereitet, alles, was Sie suchen. Für alle anderen empfehle ich die ART Basel.

Hier werden, wenn es den Aktienkäufer und Fondsinhaber in Ihnen interessiert, innerhalb weniger Stunden Millionen umgesetzt. Schon bevor die Ausstellung ihre Pforten öffnet, munkelt man, dass ein Gerhard Richter gerade eben für mickrige 20 Millionen verkauft wurde. Elegante Preise, für die wir alle ziemlich lange reinhämmern müssten.

Sollten Sie sich in einem unbewachten Moment zu einem Spontankauf hingezogen fühlen, weil Sie das Herz einer Heuschrecke oder Investorenhyäne haben, denken Sie daran, dass

riesige Lagerhallen überfüllt sind mit ihrerzeit sündhaft teuren Kunstwerken, die heute nur noch auf Ramschniveau gehandelt werden und deren Besitzer jeden Abend um einen gnädigen Kurzschluss, Blitzschlag oder eine Feuersbrunst beten, um wenigstens die Versicherungssumme kassieren zu können.

Damit Sie als Frischling in der Welt der Kunstmessen überleben, merken Sie sich folgende Einstiegsinformation, die generell verbindlich ist: 11 Sekunden (etwa drei Atemzüge) verbringt ein Betrachter durchschnittlich vor einem Kunstwerk. Das hat man in aufwendigen Studien wissenschaftlich herausgefunden.

Wenn Sie dann nach stundenlanger Kunstexkursion mit platt gelatschten Füßen in der angeschlossene Cafeteria oder dem kommerziellen Museumsshop, wo Kunst endlich wieder ihren Marktwert findet, ankommen, gönnen Sie sich eine kleine Belohnung: Beobachten Sie die Kinder und Jugendlichen vor den bunten Merchandising-Regalen, auf der Flucht vor den langweiligen Vorträgen ihrer Eltern.

Ich nehme es vorweg: Am Ende ist das Gute an der ART Basel nur, dass man einmal dagewesen ist. Wenn Sie wie beiläufig erwähnen, dass Sie am Wochenende die ART Basel besucht haben, als wäre das nichts Besonderes, reagieren Ihre Mitmenschen meist mit aufgeregten Fragen: »Hast du was gekauft?«, »Ai Weiwei gesehen?«, »Hat Neo Rauch wieder ausgestellt?« und natürlich: »Brad

Pitt, war der da?«. Wenn Sie dann noch eine kleine Geschichte zum Besten geben, die sich im optimalen Falle wirklich ereignet hat, geht's nicht besser!

Es gibt in Europa auch zahlreiche Museen, wie die »Tate Modern« in London oder das »Musée d'Orsay« in Paris, und eine ganze Reihe von vorzüglichen Galerien, die sich für solche »first steps« sehr gut eignen. Auch beim »Städel« in Frankfurt schau ich ab und an vorbei.

Tragen Sie immer ein möglichst schlichtes, kleines Notizbuch bei sich, in das Sie sich alles notieren, was Ihnen auffällt, dann fallen Sie in den Ausstellungsräumen nicht gleich als unangenehmer Tourist auf. Sie können natürlich auch nur so tun, als ob, aber das könnte eventuell peinlich entlarvt werden. Hauptsache, Sie wirken beschäftigt. Das gibt Sexappeal, so umweht Sie ein Hauch des Geheimnisvollen. Wenn Sie dann als Mann noch einen Rollkragenpullover tragen, können Sie sich vor Telefonnummern kaum retten. Aber das sollte natürlich nicht der Grund sein, weshalb Sie sich für Kunst interessieren.

Investiert der Mann von Welt in Kunst?

Ganz ehrlich: Vergessen Sie das. Es sei denn, Sie sind ein ahnungsloser Russe, glücklicher Erbe eines gewaltigen Vermögens, oder Sie verdienen jeden Monat ein solches an der Börse.

Falls nicht, kaufen Sie nur, was Ihnen wirklich gefällt, was Sie sich locker leisten können, und es muss Ihnen jeden Tag Freude bereiten. Kunstwerke zu kaufen, um Ihr Umfeld zu beeindrucken

Lassen Sie sich nicht jeden Mist andrehen.
Kaufen Sie, was Ihnen gefällt.

oder zu hoffen, dass das grausliche Ding irgendwann das Hundertfache Ihres Investments wert sein wird, ist der berühmte Schuss in den Ofen. Nichts ist schlimmer als die Reue nach dem Kauf eines teuren Kunstwerkes, auf dem Sie dann sitzen bleiben wie der sprichwörtlich begossene Pudel, vor allem, wenn Ihnen eines Tages ein berühmter Kunstkenner, dem Sie voller Besitzerstolz Ihre Sammlung zeigen, eröffnet, dass nur Sie selbst in Ihrer Sammlung keine Fälschung sind.

Geht man heute eigentlich noch in die Oper?

So ein Opernbesuch, vor allem bei einer Premiere, ist ein Sehen und Gesehenwerden. Ein Schaulaufen eben. Das achso lässige Daherschreiten einiger Promis lässt den Normalo nicht ahnen, dass jeder Schritt, jeder Augenaufschlag, jede Geste und jedes huldvolle Lächeln mithilfe eines persönlichen Coaches geprobt wurde, bis der Arzt kam.

Nun, damit haben Sie natürlich nichts zu tun. Sie können ganz entspannt und stressfrei hingehen, denn Sie sind weder für Boulevardjournalisten, Paparazzi noch für Kameras interessant. Sie sind frei zu tun, was Ihnen beliebt. Wenn Sie mit der Inszenierung oder dem Bühnenbild nichts anfangen können, genießen Sie die Aufführung konzertant, schließen Sie einfach die Augen. Wenn Ihnen die Musik nicht zusagt, gehen Sie! Denn zugegeben, ein Opernbesuch kann so ziemlich alles sein: ermüdend, erschreckend, akustisch wie optisch verstörend, nervtötend, langweilig und deprimierend.

Warum also sollte man noch in die Oper gehen? Zumal eine Reihe namhafter Opernhäuser im wahrsten Sinne des Wortes dem Zeitgeist ins Netz gegangen sind und gegen ein kleines Entgelt Livestreams ihrer Aufführungen anbieten. Die schönsten Arien bequem von der Couch. Klamotten nicht von Belang. Aber, fehlt denn da nicht etwas? Ja, und wie! Ein Opernbesuch ist schließlich ein ganz besonderes Erlebnis. Selbst der gute Nietzsche war der Meinung, dass das Leben ohne klassische Musik ein Irrtum wäre. So richtig mit allem Schnick und Schnack ist das ein umfangreiches Gesamtpaket. Zum Gelingen des Events sollten Sie sich allerdings einige Fragen beantworten.

1. Was will ich sehen?

Als Einstiegsdroge empfehle ich Mozarts Zauberflöte (Märchen ziehen immer), Verdis Nabucco (wegen des berühmten Chors) oder Bizets Carmen (wegen der ohrwurmverdächtigen Gassenhauer).

2. Was ist es mir wert?

Für Geizkragen und Anfänger: Stehplätze oder Last-Minute-Karten. Ansonsten ist nach oben keine Grenze gesetzt. Für Pavarotti habe ich einmal mit Hunderten anderer Enthusiasten drei Tage vor dem Ticketcenter für einen Stehplatz kampiert. War's echt wert!

3. Was ziehe ich an?

Generell gilt: Je besser Sie gesehen werden können, desto besser sollten Sie gekleidet sein. Und: Je festlicher der Anlass (Premiere, Uraufführung, Saisoneröffnungspremiere), desto festlicher die Kleidung. Ansonsten gilt: guter Anzug, gepflegte Erscheinung. Ab dem dritten Rang und auf den Stehplätzen geht auch

Casual. Holzfällerhemd, zerfetzte Jeans, löchrige Sneakers nur, wenn Sie ein stadtbekanntes Original und für Ihren Look bekannt und berühmt sind.

4. Wen beeindrucke ich mit einer Einladung?

Ihren medienaffinen, schwulen Bekannten können Sie mit einer Einladung nach Bayreuth oder nach Salzburg in Ekstase versetzen. Im Notfall hilft der Ihnen dann auch bei der richtigen Wahl Ihrer Kleidung. Natürlich ist eine Einladung an die Hotspots der Opernwelt wie die Metropolitan Opera in New York, die Wiener Staatsoper oder die Mailänder Scala immer ein ganz besonderes Geschenk. Ob Sie dieses an eine künstlerische Luftwurzel oder einen musikalischen Blindgänger verschwenden wollen, bleibt Ihre Sache. Wenn Sie Glück haben, ist die Sache so beeindruckend, dass der Saulus zum Paulus wird und Sie einen neuen Opernjünger gewonnen haben.

Der Cohnrat

Gehen Sie in die Oper! Es macht beruhigenden Spaß und jagt einen wohligen Schauer über den Rücken, andere Menschen Dinge erleiden zu sehen, vor denen uns Gott in unserem täglichen Leben bitte schützen möge!

Die Oper ist ein wunderbares Forschungsfeld. Beobachten Sie vor allem die vorderen Ränge. Hier können Sie die Noblesse in ihrem natürlichen Habitat beobachten.

Zur Vertiefung

Und jetzt schauen wir mal, wie gut Sie aufgepasst haben, Sie Fuchs. Kreuzen Sie die richtige Antwort an oder schreiben Sie sie hinzu.

Sie sind zum ersten Mal auf eine wichtige Vernissage eingeladen worden. Sie

A) tragen, weil Sie nichts Besseres haben, zum zu klein gewordenen Konfirmandenanzug reichlich betagte Sneakers. Auf den verzweifelt höflichen Blick des Gastgebers antworten Sie: »Die Schuhe sind historisch, die stammen noch aus der Zeit von Joschka Fischer!«

B) beantworten die Frage eines tadellos gekleideten Herrn, was Sie von Gerhard Richter halten, mit: »Neymar wird teurer gehandelt.«

C) fragen den Gastgeber: »Sagen Sie mal, laufen hier alle so affig verkleidet herum?«

D) _____

_____

_____

_____

Sie sind zum ersten Mal in Ihrem Leben in die Oper eingeladen worden und haben Plätze im Parkett bekommen. Sie

A) ziehen sich passend für ein großes Sportereignis in den Farben Ihres Fußballvereins an und freuen sich, unter all den schwarz gekleideten Menschen ein leuchtender Farbfleck zu sein.

B) klatschen nach jeder Arie rasend mit den Händen und brüllen vernehmbar »Brava«.

C) machen es sich bequem, lehnen sich zurück und beginnen bereits während der Ouvertüre laut und deutlich zu schnarchen.

D) _____

_____

_____

_____

_____

_____

Hier steht ein lustiger Witz.
Ein sehr, sehr lustiger Witz.
Den überlegen wir uns noch.

Bis dahin siehe: www.cohns-welt.com

MAKING OF

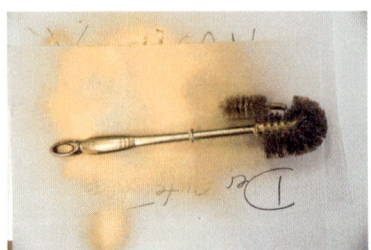

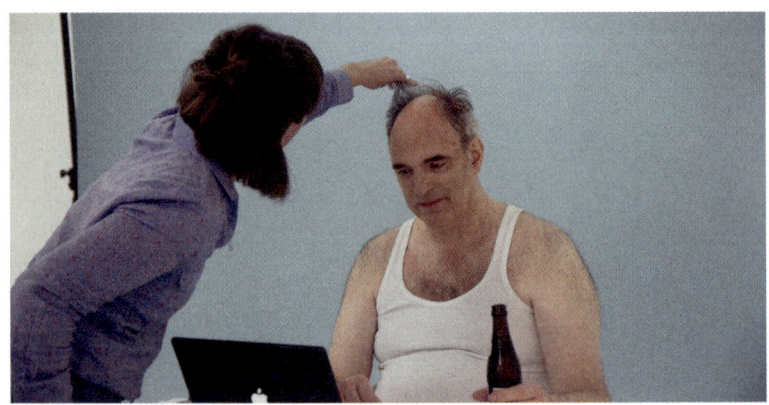

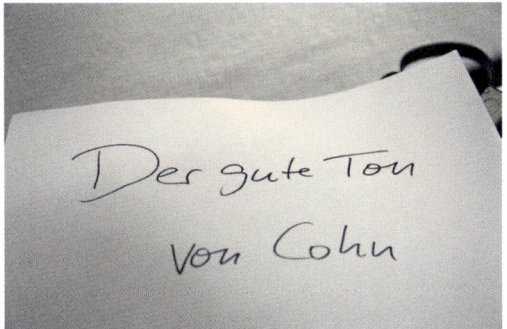

Der gute Ton von Cohn

ANHANG

Dank

Von ganzem Herzen Danke für das Eindämmen schlafloser Nächte auf ein Mindestmaß an Maren Ziegler und Darlene Fischer. Danke an Frank Bauer, dem brillanten Kamerakünstler, dem es gelungen ist, sogar mich von meiner Schokoladenseite zu zeigen. Und danke an meine wunderbaren Eltern, ohne deren Hilfe und Empathie dieses Buch nicht entstanden wäre.
Ihr wart meinen coolsten Moves …